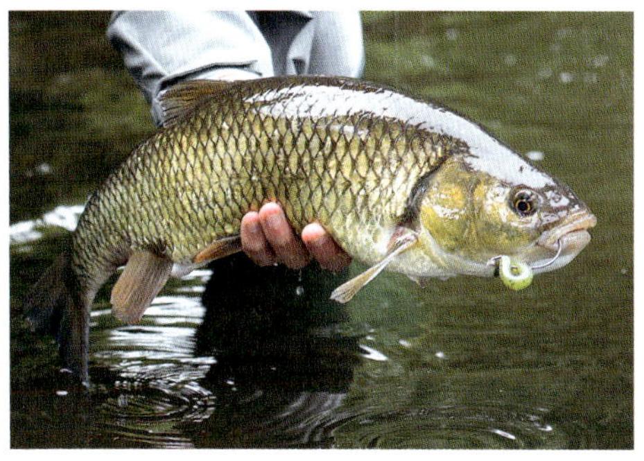

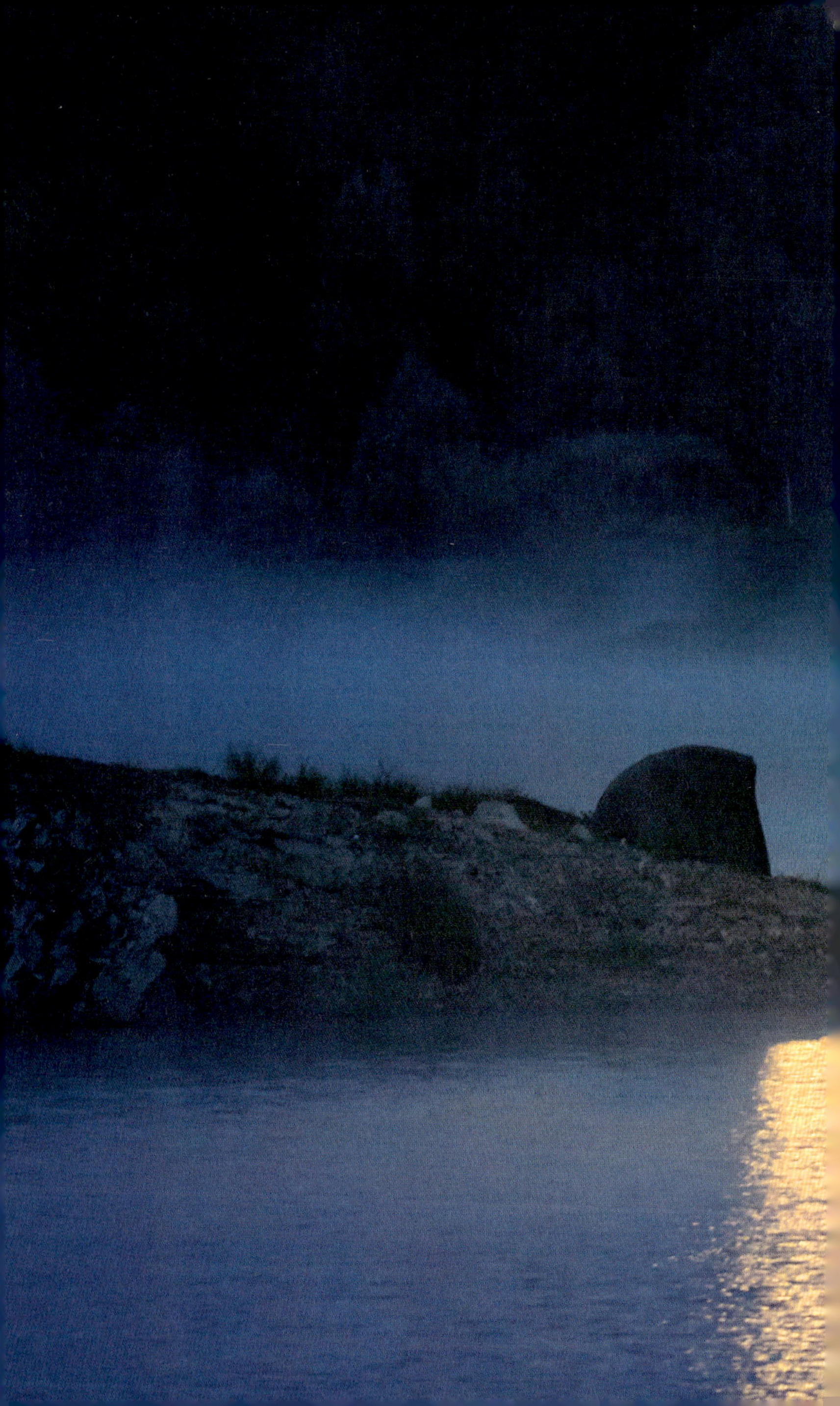

FLORIAN LÄUFER

FISCHE FINDEN

Die richtigen Fangplätze zur richtigen Zeit:
Insiderwissen & Praxistipps

Inhalt

Vorwort 6

Fische finden und fangen 8

Angelplätze in See, Fluss und Kanal 20

So verraten sich Fische 44

Alle Wetter zum Fische finden 64

Ausloten der Gewässertiefe 84

Mit dem Echolot Fische finden 102

Register 126

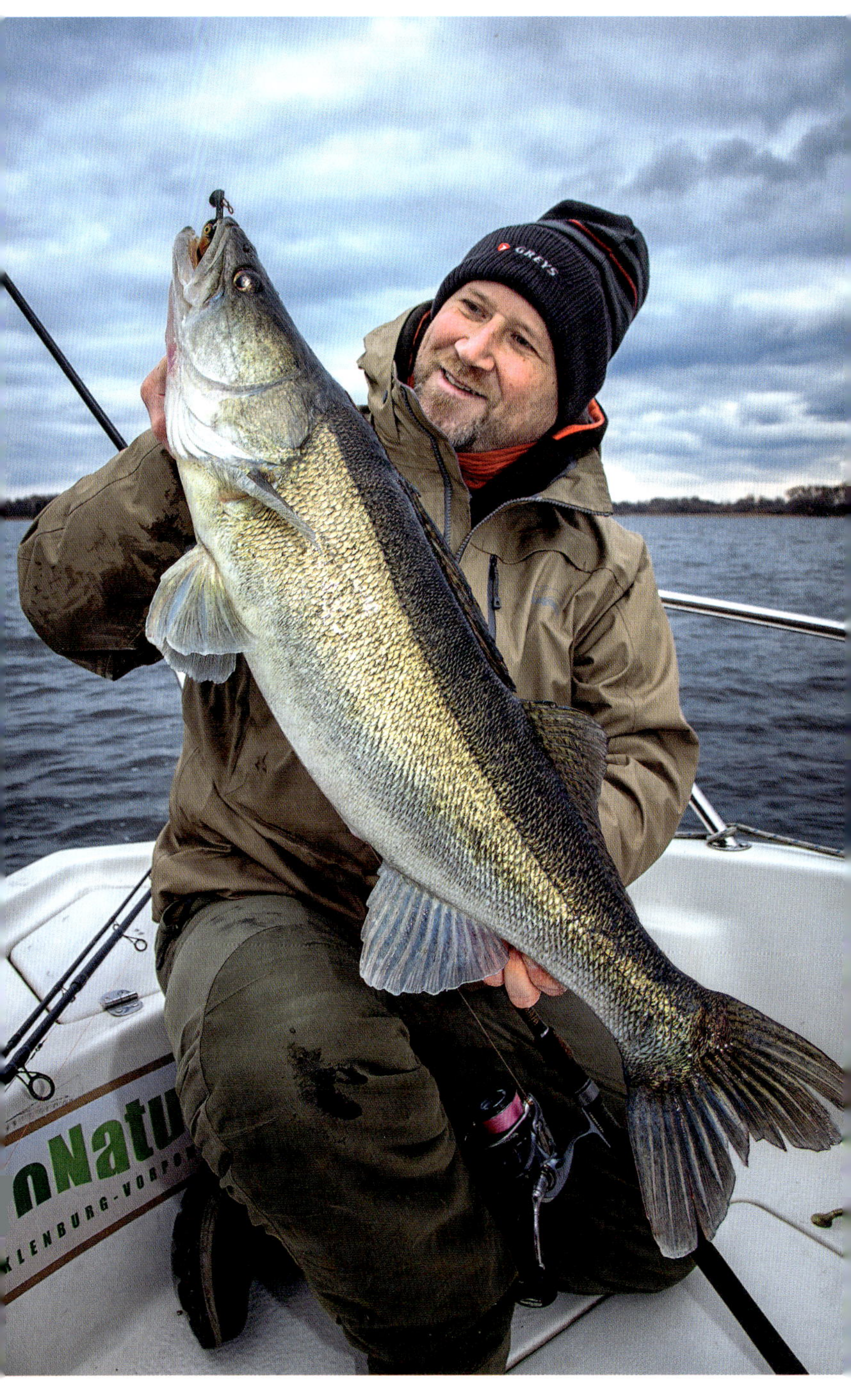
GREYS

Vorwort

Fische sind nicht willkürlich im Wasser verteilt. Eine alte Anglerweisheit sagt, dass sich 80 Prozent des Fischbestandes in 20 Prozent der Wasserfläche aufhalten. Nur: Je nach Wind, Wetter, Jahreszeit und Fischart variieren diese Plätze. Und wo sich eben noch ein Schwarm Barsche aufgehalten hat, lässt sich morgen vielleicht schon keine Flosse mehr blicken. Kein Grund, die Rute ins Korn zu werfen! Die Natur gibt uns allerlei Hinweise und Anhaltspunkte, wann die Fische wo anzutreffen sind. Und gar nicht so selten verraten sich die Schuppenträger sogar von ganz alleine. Die Gewässer liegen wie ein offenes Buch vor uns – wir müssen nur darin lesen.

Und das ist die gute Nachricht an alle, die Angeln bisher als viel zu technisches Hobby mit Unmengen an Ausrüstungsteilen wahrgenommen haben: Die meisten Fische werden auch heute noch mit ganz einfachen Methoden gefangen. Vorausgesetzt, wir bieten den Köder zur richtigen Zeit und am richtigen Ort an.

»Location«, englisch ausgesprochen, sagt der Profi zu diesem wichtigsten Teil des Angelns und schmunzelt innerlich über Angler, die noch immer darüber streiten, ob der Wurm oder die Made der bessere Köder ist. Man muss eben dort angeln, wo die Fische sind. Dieses Buch soll Ihnen helfen, das herauszufinden.

Florian Läufer

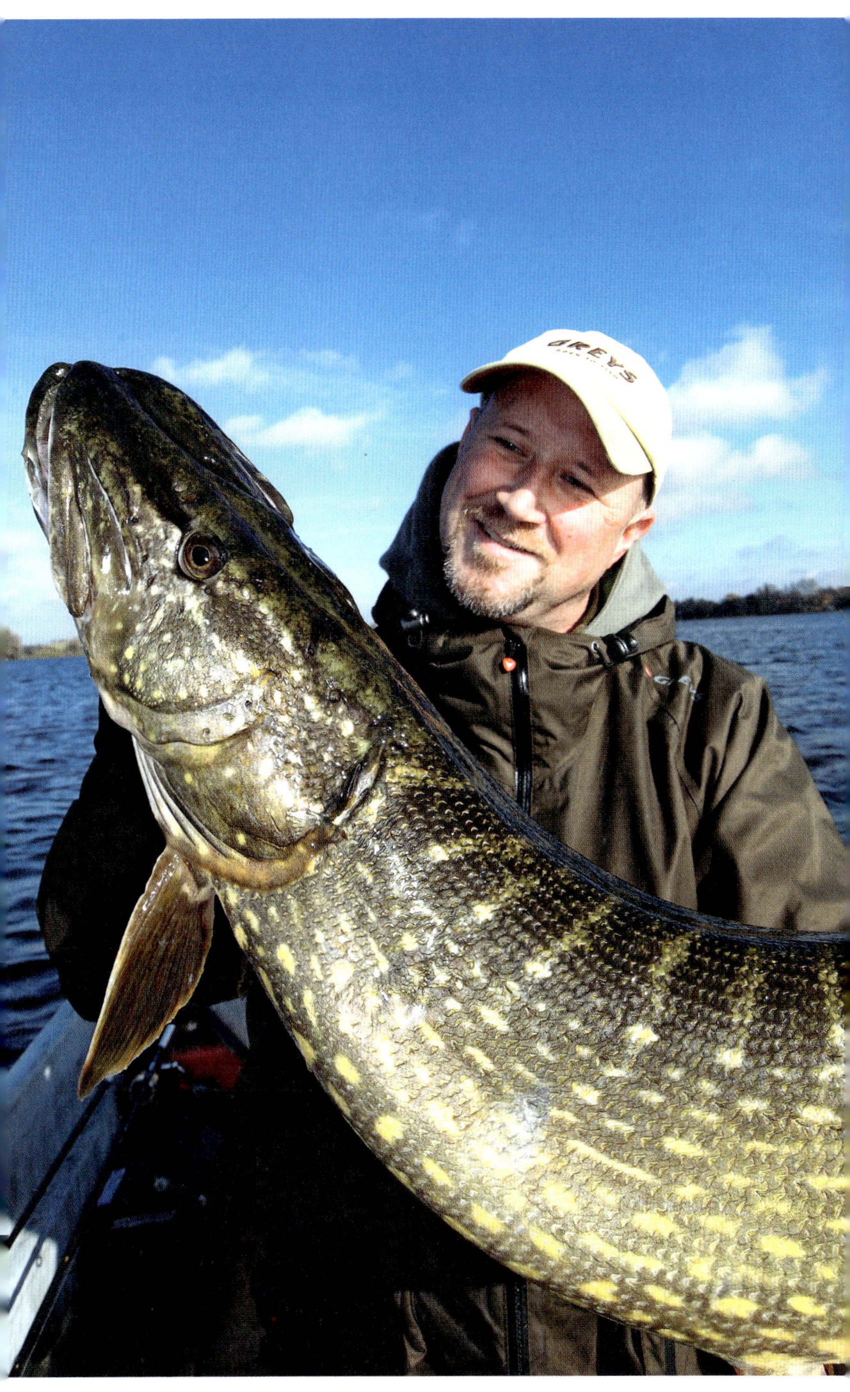
GREYS

Fast ein wenig verwirrend: »Fische finden«. Als würden die Flossenträger wie Gänseblümchen auf der Wiese wachsen und nur darauf warten, von uns entdeckt zu werden. Im Gegenteil: Meist bemerken uns die scheuen Unterwasserbewohner viel früher als umgekehrt und nehmen mit ein paar kräftigen Flossenschlägen Reißaus. Und überhaupt: Der Blick unter die Wasseroberfläche bleibt uns aufgrund von Wellen, Gewässertrübung und einer spiegelnden Oberfläche oft verwehrt. Vielmehr müssen wir sekundäre Zeichen erkennen, deuten und die richtigen Schlüsse daraus ziehen. Ein Hexenwerk ist das nicht, beruht aber auf Übung und Erfahrung. Auf geht's!

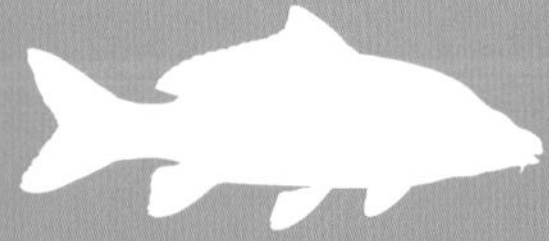

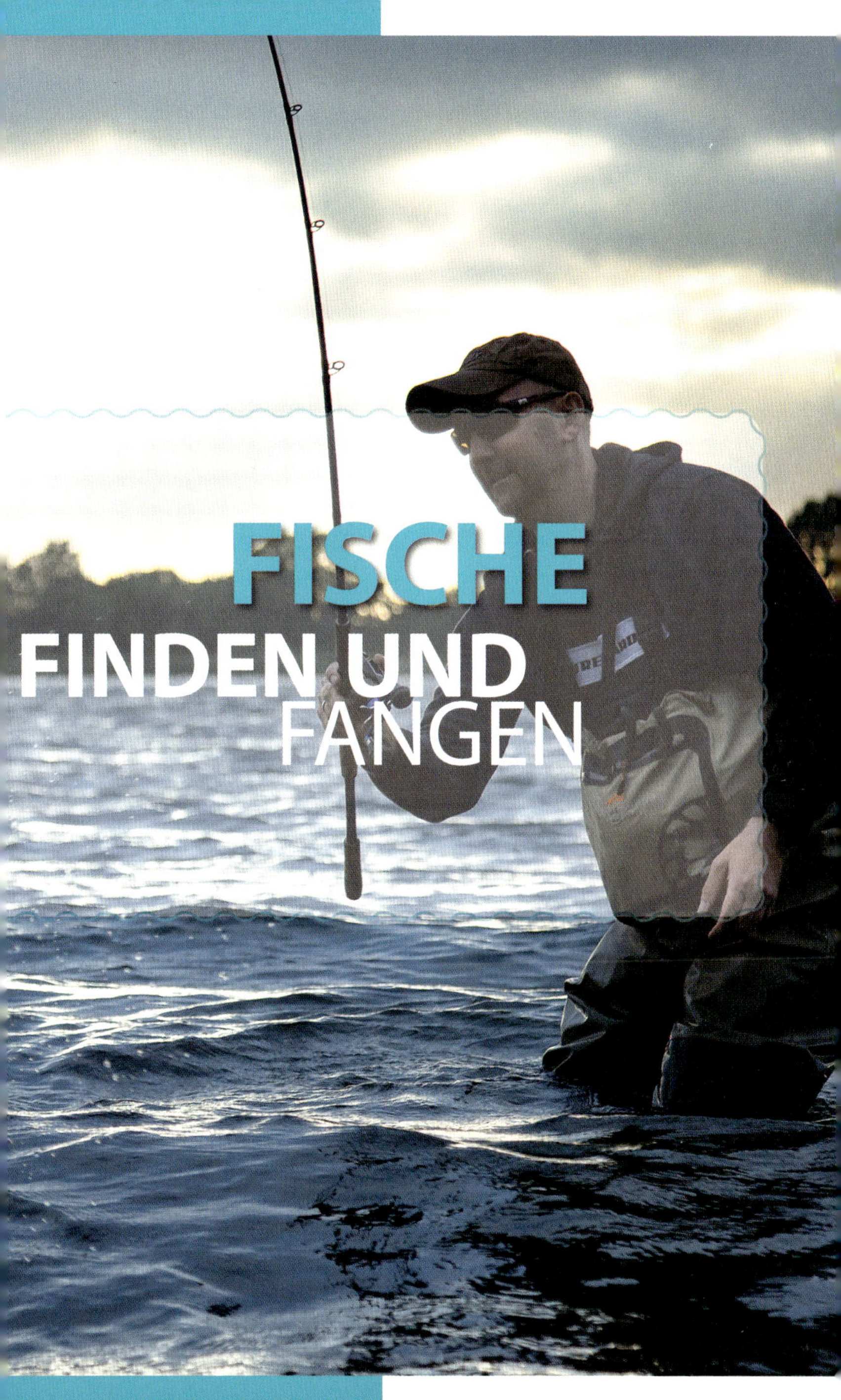

FISCHE FINDEN UND FANGEN

Standplatz ist nicht gleich Fressplatz

Verflixt noch mal! Längst haben wir die fünf, sechs dunklen Schatten knapp unter der Wasseroberfläche als beachtlich große Karpfen identifiziert, die hier gemächlich ihre Runden ziehen. Und klar, sobald die Fische in Wurfentfernung kamen, haben wir ihnen unseren Köder präsentiert. Den haben sie bestenfalls ignoriert, sich manchmal gar davon abgewendet – wieder und wieder. Wie können diese dickbäuchigen Friedfische zehn oder fünfzehn Kilo auf die Waage bringen, wenn sie jegliche Nahrungsaufnahme verweigern?

Anderes Szenario: Direkt an der Schilfkante machen wir einen armdicken Hecht im flachen Wasser aus. Regungslos steht er da, nur die Brustflossen vibrieren. Gewöhnlich schlägt der Lauerjäger aus dieser Stellung blitzschnell zu und verschlingt mit weit aufgerissenem Maul seine Beute. Nur: Hier schwimmen die kleinen Rotfedern unaufgeregt direkt vor seiner Nase herum und »Meister Esox« scheint nicht einmal daran zu denken, seine Mahlzeit einzunehmen. Logisch, dass er unseren Blinker ignoriert. Und auch den Wobbler, den Spinner und den Gummifisch. Nichts lockt diesen sturen Gesellen aus der Reserve.

Futter bei die Fische

Verkehrte Welt? Ganz und gar nicht! »Fische, die du siehst, fängst du nicht!«, so hat es Großvater immer gesagt. Das stimmt zwar nicht zu 100 Prozent (die Ausnahmen lernen wir noch an anderer Stelle kennen), aber erstaunlich häufig. Im Gegenteil, die erfolgreichsten Angeltage sind häufig die, an denen wir die Fische nicht zu Gesicht bekommen.

Worauf ich hinaus möchte, haben Sie längst in der Überschrift dieses Kapitels gelesen. Standplätze sind nicht gleich Fressplätze!

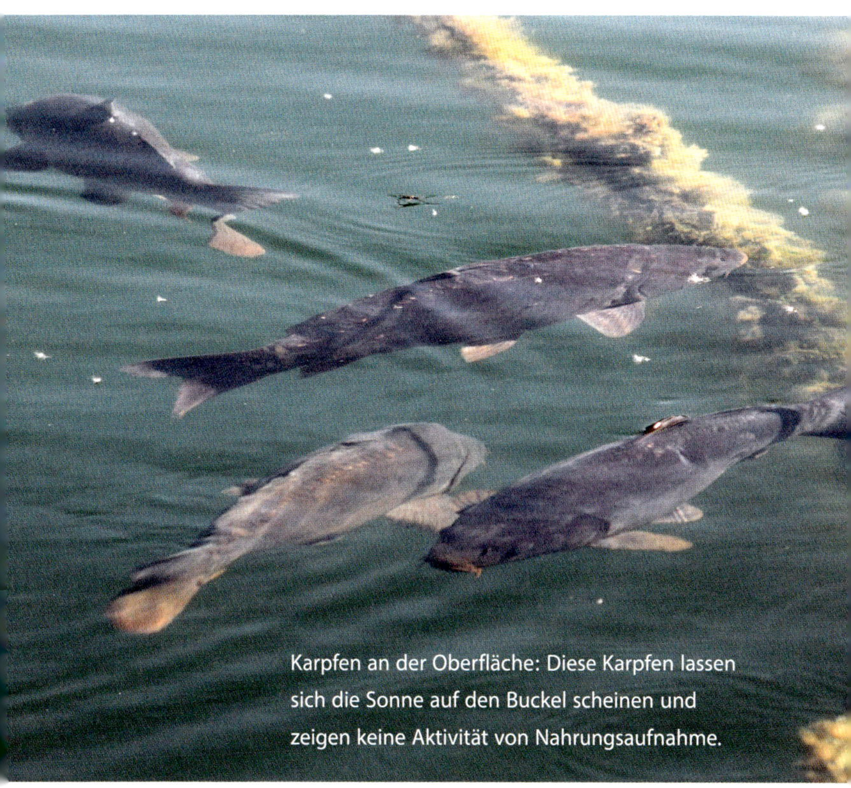

Karpfen an der Oberfläche: Diese Karpfen lassen sich die Sonne auf den Buckel scheinen und zeigen keine Aktivität von Nahrungsaufnahme.

Fassen wir uns an die eigene Nase. Sind wir den ganzen Tag mit Essen beschäftigt? Den meisten Menschen reichen drei Mahlzeiten am Tag – den Fischen manchmal nur eine. Und so wie wir auch mal faul auf der Couch liegen und stundenlang ohne Essen auskommen, sind Fische ebenfalls nur zu bestimmten Zeiten aktiv auf Nahrungssuche. Karpfen an der Wasseroberfläche lassen sich meistens nur die Sonne auf den Buckel scheinen und nehmen hier nur hin und wieder Nahrung auf. Und der Hecht? Der hat vielleicht gerade eine dicke Plötze verschlungen und ist damit für die nächsten Stunden satt. Und es geht weiter: Laichende Fische (die wir aus gutem Grund nicht beangeln sollen und dürfen), springende oder inaktive Fische in flachem/klarem Wasser können wir zwar ausmachen, sie zeigen aber kein aktives Fressverhalten und sind damit nur schwer fangbar.

Gut gesehen!

Nur wenn Fische aktiv auf Nahrungssuche sind, können wir sie mit unserem Köder überlisten. Aufgrund der Wasserspiegelung bleibt uns allerdings meistens der Blick unter die Wasseroberfläche verwehrt. Abhilfe schaffen Polarisationsbrillen (kurz: Polbrillen), deren Gläser entspiegelnde und auch kontraststeigernde Eigenschaften haben. Polbrillen sind in jedem guten Angelgeschäft und beim Optiker (auch in Sehstärken) erhältlich. Gut investiertes Geld für mehr Durchblick.

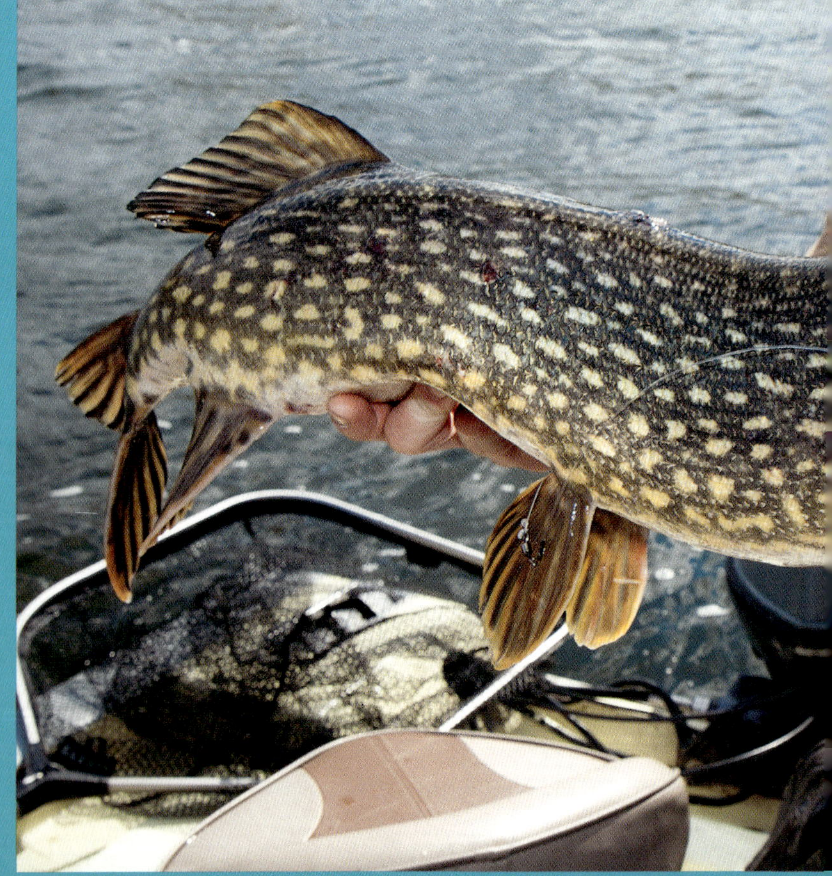

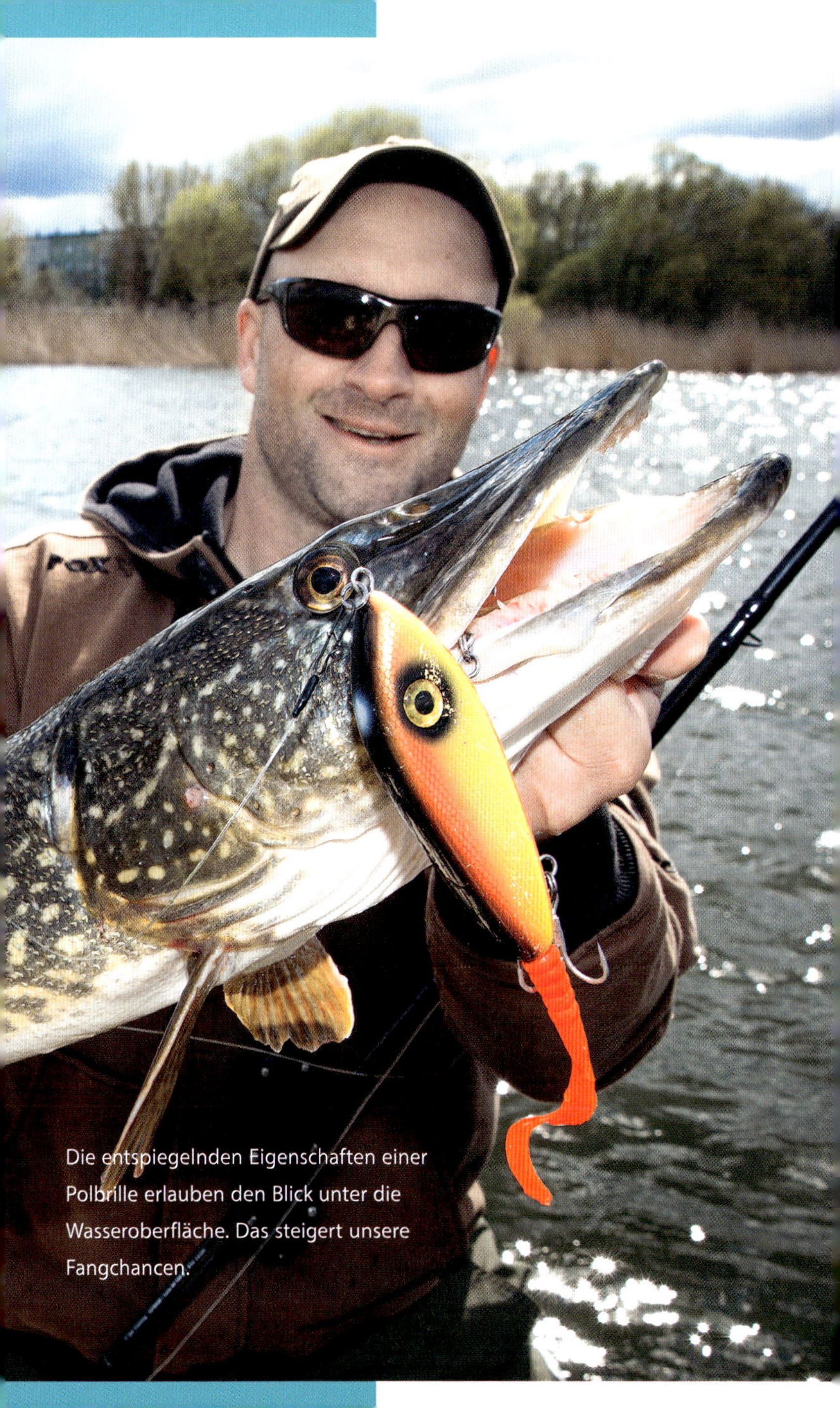

Die entspiegelnden Eigenschaften einer Polbrille erlauben den Blick unter die Wasseroberfläche. Das steigert unsere Fangchancen.

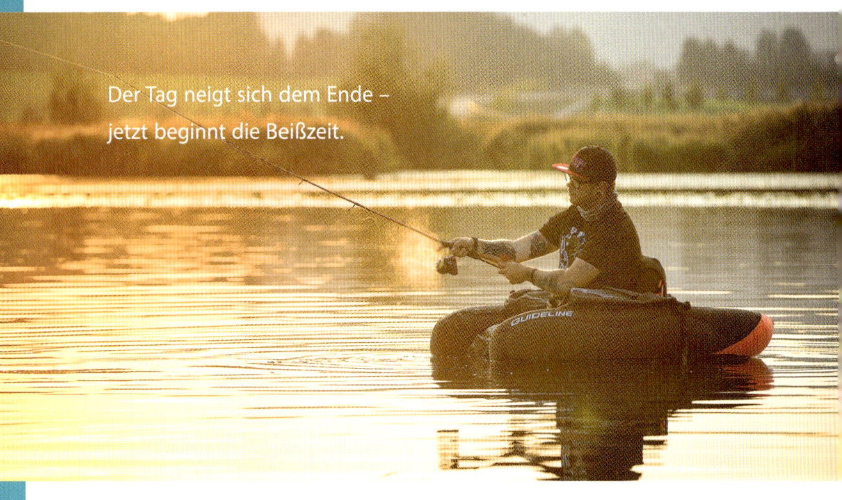
Der Tag neigt sich dem Ende – jetzt beginnt die Beißzeit.

Beobachten und fangen

Halten wir also fest: Wir müssen die Fische dort beangeln, WO sie fressen. Und zwar zu der Zeit, WANN sie fressen. Und das ist schon (fast) das ganze Geheimnis des Angelns. Friedfische wie Karpfen, Schleie, Brassen und Weißfische machen es uns oftmals nicht allzu schwer, denn sie folgen immer wieder den gleichen Routen bei der Nahrungsaufnahme. Haben wir eine dieser »Unterwasserstraßen« entdeckt, können wir hier regelmäßig gute Fänge machen. Während große Bereiche des Gewässers den Fischen lediglich als Aufenthaltsort dienen, sind dies die Hotspots, die in Anglerkreisen als bestgehütete Geheimnisse gelten.

Niemand verrät seinen besten Angelplatz. Vielleicht den zweitbesten … Was das für uns bedeutet, liegt auf der Hand: Kommunikation und Austausch sind ein guter Wegweiser zum Fisch. Wer hier und da sein Wissen weitergibt, wird in gleichem Maße von den Erkenntnissen seiner Angelfreunde profitieren – Angeln kann auch Mannschaftssport sein. Die verbrachte Zeit am Wasser, aufmerksames Beobachten und aus beidem die richtigen Schlüsse ziehen bescheren uns mit einiger Erfahrung ebenfalls regelmäßige Fänge.

Alles eine Frage der Zeit

Zurück zu den Fressrouten der Schuppenträger. In England, dem Mutterland des modernen Friedfischangelns, unterscheiden Angler zwischen »holding area« und »feeding area« und meinen damit das eben Beschriebene. Niemand würde auf der Insel auf die Idee kommen, in einem als reinem Aufenthaltsort bekannten Bereich seinen Köder auszulegen – und wenn sich die Fische dort dicht an dicht drängen. Bricht allerdings die Tageszeit herein, während der sich die Fische auf Nahrungssuche begeben, wird auch der routinierteste Friedfischexperte nervös. Im Sommer sind dies fast immer die Abend-, Nacht- und frühen Morgenstunden. Wenn die Sonne ihre Kraft verliert, das Gewässer zur Ruhe kommt und sich endlich ein wenig Abkühlung einstellt, erwachen die Fische aus ihrer Tageslethargie und machen sich auf die Suche nach dem gedeckten Tisch in Form von Muscheln, Schnecken und anderen Kleinlebewesen. Jetzt muss unser Köder bereitliegen. Was in der Mittagshitze stundenlang unbeachtet blieb, findet nun seine Abnehmer – Biss!!!!

Warum ich das Naheliegende hier aufschreibe? Weil ich es am Wasser regelmäßig anders erlebe. Ausgeschlafen und gut gefrühstückt kommen viele Angler am Wasser an, wenn die morgendliche Beißzeit längst vorüber ist. Verabschiedet sich abends die Sonne langsam hinterm Wald zur Nachtruhe, packen die Langschläfer kurz vor der Phase ein, auf die andere Angler seit Stunden lauern: das große abendliche Fressen von Karpfen, Schleie & Co. Und auch wenn sich die Mär vom erfolgreichen Angler beim morgendlichen Sonnenaufgang hartnäckig hält, ist sie nur die halbe Wahrheit. Man muss kein Frühaufsteher sein, um zum Fangerfolg zu kommen.

Es reicht, als Spät-zu-Bett-Geher die abendliche Beißzeit mitzunehmen. Für eine von beiden sollten wir uns aber entscheiden.

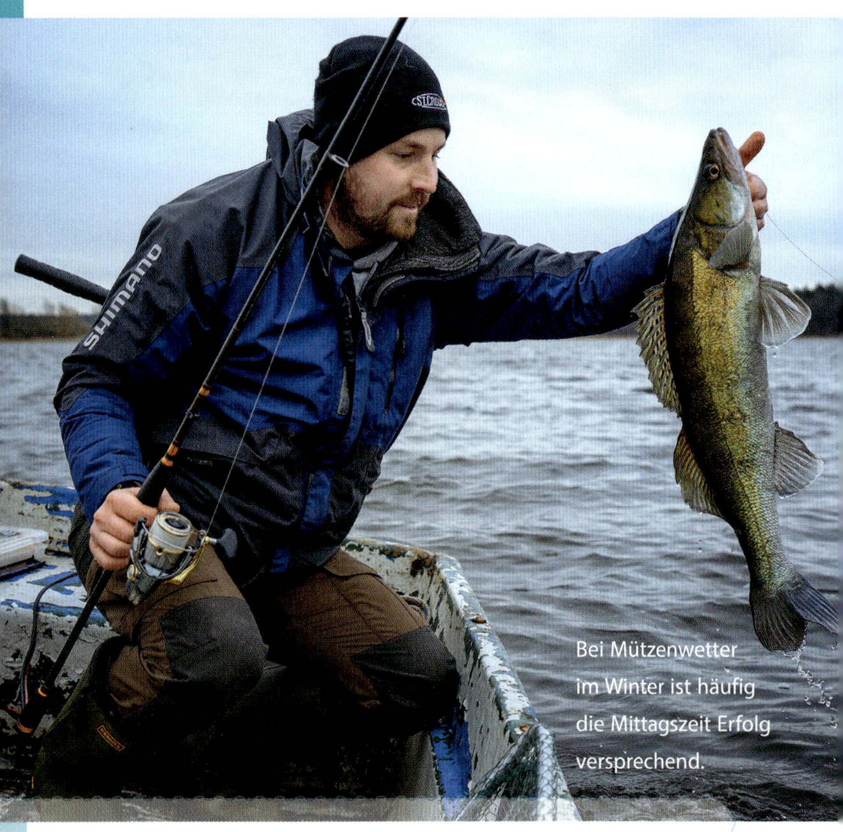

Bei Mützenwetter im Winter ist häufig die Mittagszeit Erfolg versprechend.

Wissenschaft, die Wissen schafft!

Was bedeutet das eigentlich: Fische sind wechselwarm? Während Menschen eine immer gleiche Körpertemperatur haben, passt sich die der Fische ihrer Umgebungstemperatur an. Dadurch verlangsamen oder beschleunigen sich sämtliche Stoffwechselprozesse der Fische. Das hat Einfluss auf ihren Appetit! Bei sehr kaltem Wasser wird die Verdauung so stark gebremst, dass die Unterwasserbewohner nur sehr wenig Nahrung zu sich nehmen müssen. Darum fangen wir im Winter weniger Fische als in der wärmeren Jahreszeit, wenn die Verdauung auf Hochtouren läuft.

Wie denn nun: warm oder kalt?

Nun wird es doch noch kompliziert: Je weiter das Jahr voranschreitet, desto mehr dreht sich das eben Gesagte ins Gegenteil. Das alles ist allerdings kein Hexenwerk, sondern logisch nachvollziehbar.

Während im Sommer der Sauerstoffgehalt aufgrund der hohen Wassertemperatur immer weiter abnimmt, sind die kühleren Stunden häufig die ertragreichen. Da geht es den Fischen in Sachen Wohlfühlfaktor nicht anders als uns. Bei kaltem Wasser (Winter) bewirkt ein Temperaturanstieg – sei er noch so klein – eher eine Aktivierung. Fische sind wechselwarme Tiere, deren Aktivitäten sich nach der Wassertemperatur richten. Natürlich gibt es dabei Ober- und Untergrenzen, insgesamt bewirkt ein Temperaturanstieg aber einen proportionalen Aktivitätsanstieg. Kurz: Die Fische bekommen in der kälteren Jahreszeit Hunger, wenn sich die Wassertemperatur erhöht. Und so werden im Winter häufig mittags gute Fänge gemacht.

Schwarz-Weiß-Denken hilft uns allerdings nicht weiter, denn neben Sommer und Winter gibt es schließlich noch die Übergangsphasen Frühling und Herbst. Die Beißphasen verschieben sich also je nach Jahreszeit. Was im Sommer gilt, kann im Herbst schon ganz anders sein. Puh! Niemand hat behauptet, dass Angeln einfach sei. Wer aber am Ball bleibt (in diesem Fall am Wasser), findet die Änderungen rasch heraus. Zeit ist eben der beste Köder!

Raubfische – immer der Beute hinterher

Nachdem wir bisher über Friedfische gesprochen haben, sollten wir einen Blick auf die Räuber unserer Gewässer werfen. Das sind Hecht, Zander, Barsch, Forelle, Wels und Rapfen.

Machen wir es uns einfach: Dort, wo sich der Beutefisch aufhält, sind die Räuber selten weit entfernt. Spätestens wenn der Hunger ruft, gehen die Jäger aktiv auf die Pirsch – und jeder hat seine Eigenart. Welse sind häufig standorttreu und liegen regungslos (und appetitlos) in ihren Unterständen, um überwiegend nachts, bei der aktiven Jagd, durch alle Schichten der Gewässer zu ziehen.

Hechte gelten als Lauerjäger, fälschlicherweise aber auch als standorttreu. Insbesondere in großen Gewässern folgen Hechte den Kleinfischschwärmen über sehr weite Strecken. Rapfen sind rastlos und ziehen wie Nomaden durchs Gewässer. Immer auf der Suche nach Kleinfischen in der oberen Wasserschicht. In Flüssen und Kanälen gibt es allerdings echte Hotspots: Hinter Wehren und Wasserfällen – dort, wo das Wasser weiß ist – lassen sich oft auf Ansage Rapfen fangen. Zander gehen häufig nachts auf die Jagd und lassen sich dann sogar unter der Oberfläche fangen. Große Exemplare jagen im Freiwasser, während die großen Trupps kleiner und mittlerer Fische meistens grundnah gefangen werden – tagsüber genauso wie nachts. Und Forellen? Die nutzen im Fluss Strömungsschatten und tief ausgespülte Bereiche, wo sie aus dem Hinterhalt zuschlagen. In stehenden Gewässern hingegen sind die »Trutten« (Forellen) viel unterwegs auf der Suche nach Beute. Barsche können ebenfalls beides: Weite Strecken im Gewässer zurücklegen (häufig in großen Schwärmen), aber auch sehr standorttreu in der Nähe von Hindernissen (ins Wasser gestürzte Bäume, Stege etc.) aus dem Versteck herausjagen.

Auf den Punkt gebracht: Finde die Beutefische und du weißt, wo die Räuber sind! Wie sich die Fressplätze und -routen von Fried- und Raubfisch in den unterschiedlichen Gewässertypen unterscheiden, welchen Einfluss Wind und Wetter haben und wie wir uns den wichtigen Überblick über die Unterwasserstrukturen verschaffen, lesen Sie in den kommenden Kapiteln.

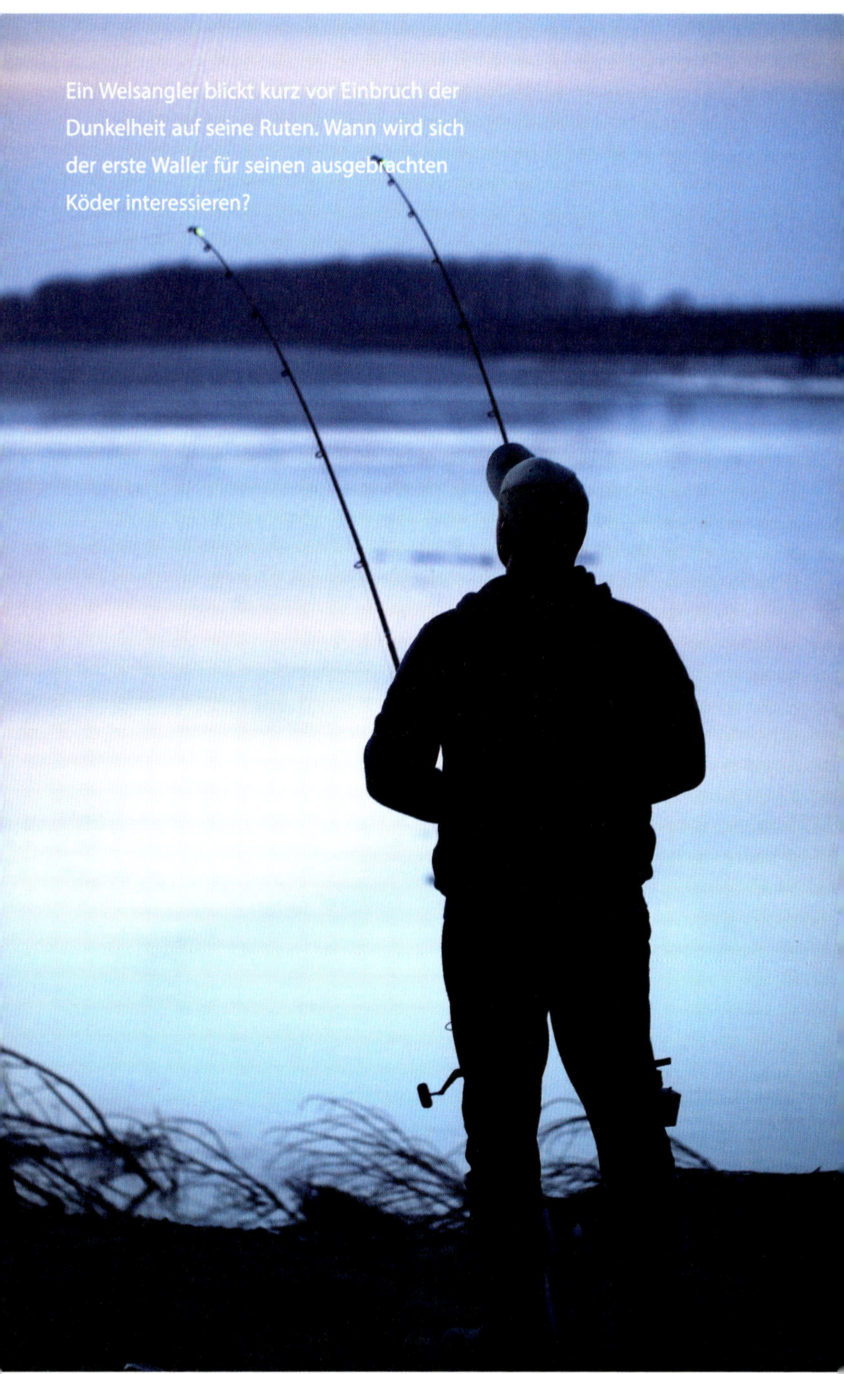

Ein Welsangler blickt kurz vor Einbruch der Dunkelheit auf seine Ruten. Wann wird sich der erste Waller für seinen ausgebrachten Köder interessieren?

Genug der grauen Theorie – raus ans Wasser. Und dann? Einfach den Köder irgendwo zu baden, mag uns vom Alltag entspannen, ist aus anglerischer Sicht aber vertane Zeit. Denn auch wenn Angeln allgemein den Nimbus eines ziemlich langweiligen Hobbys hat, wollen wir nicht nur relaxen, sondern suchen beides: Spannung und Entspannung. Und spannend wird es dann, wenn ein Fisch am Haken hängt und die Rollenbremse um Hilfe ruft. Wo dafür die Chancen am besten stehen, erkunden wir in diesem Kapitel gemeinsam. Dabei schauen wir uns nacheinander die Gewässertypen See, Fluss und Kanal an und finden heraus, welche offensichtlichen Merkmale uns den Weg zum Fisch weisen. Also, rein in die wetterfesten Klamotten, Rute, Rolle und Kescher in die Hand und dann nichts wie ab in die Natur.

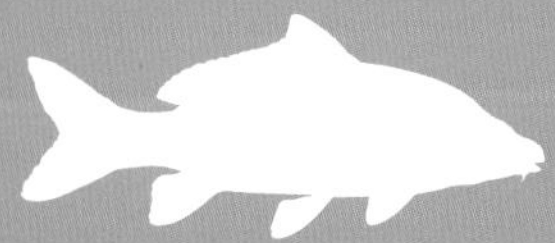

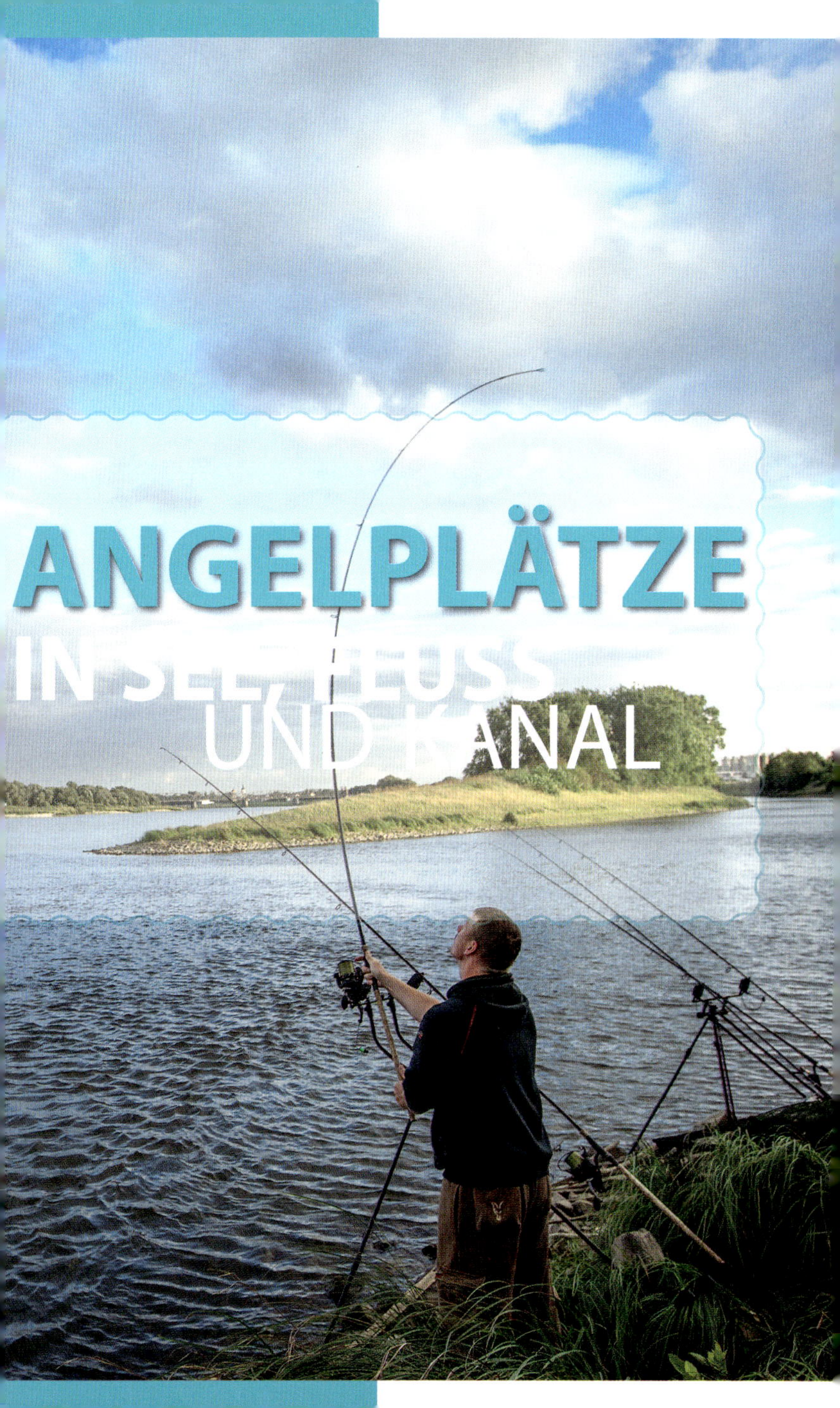

ANGELPLÄTZE IN SEE, FLUSS UND KANAL

Stehende Gewässer

Schauen wir genauer hin: Seen mit einer Größe von nicht mehr als 15 oder 20 Hektar, also klassische Vereinsgewässer, Parkteiche oder Waldseen, sind typische Gewässer, an denen wir Angler Erholung suchen. Hier können wir ganz hervorragend nach offensichtlichen Anhaltspunkten Ausschau halten, die uns als Wegweiser zum Fisch dienen. Erst mit steigender Gewässergröße werden mehr und mehr die offene Wasserfläche und ihre darunter verborgenen Unterwasserstrukturen wichtig.

Ansonsten gilt als Faustregel Nummer eins: Der beste Angelplatz ist selten der, der genau am Parkplatz liegt. Was ich damit sagen möchte, ist, dass Fische zwar nicht rational denken, aber nachweislich Stellen meiden, an denen regelmäßig einer ihrer Artgenossen aus dem Wasser gezogen wird – Instinkt! Ganz besonders die großen, erfahrenen Fische bringen deshalb mehr Gewicht auf die Waage, weil sie besonders aufmerksam bei der Nahrungsaufnahme sind. Und dazu gehört eben auch, fix das Weite zu suchen (und dauerhaft zu meiden), wenn ihnen eine Stelle aufgrund des Angeldrucks suspekt erscheint. Wer als Angler die Bequemlichkeit liebt, wird selten belohnt.

Lassen wir also den Blick übers Gewässer streifen und stellen unsere Alarmglocken scharf. Bei monotonen Ufern sind Stellen interessant, an denen Gleichartigkeit unterbrochen wird. Wo Schilf ins Wasser wächst, Krautbänke auszumachen sind oder Seerosenfelder das flache Uferwasser säumen, sollte es bei uns klingeln. An derartigen Stellen kommen zwei wichtige Punkte zusammen: Die Fische finden Schutz und Nahrung. Kleine Schnecken, Krebschen und anderes Getier fühlen sich hier besonders wohl und decken somit den Tisch für alle Friedfischarten. Logisch, dass auch Räuber wie Hecht oder Barsch immer wieder diese Bereiche aufsuchen. So funktioniert die Nahrungskette, von der wir alle schon mal etwas gehört haben. Wer an diesen Stellen die Posen- oder Grundrute

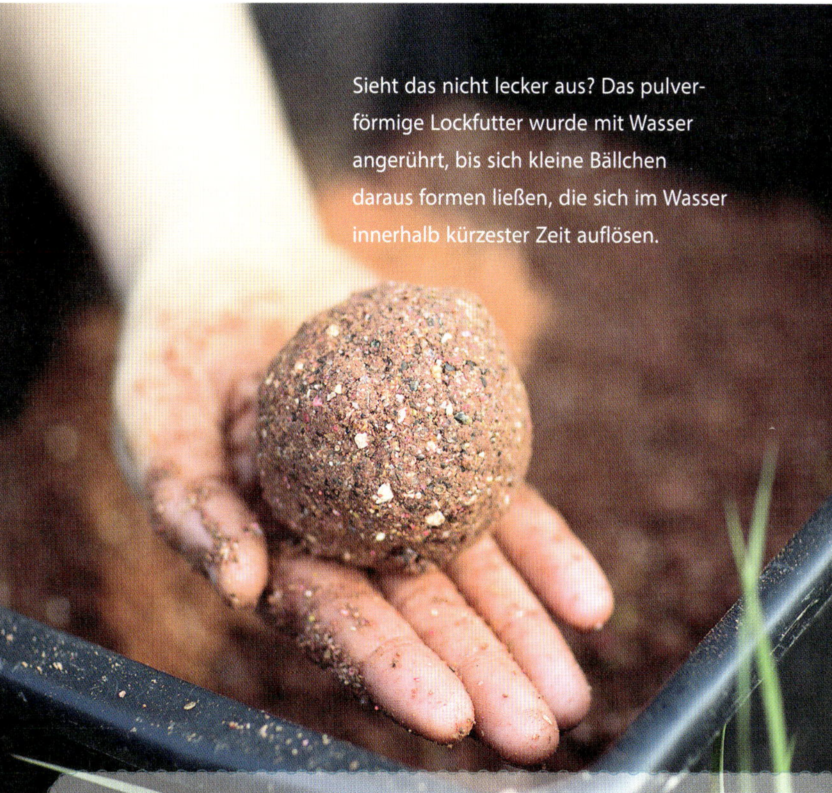

Sieht das nicht lecker aus? Das pulverförmige Lockfutter wurde mit Wasser angerührt, bis sich kleine Bällchen daraus formen ließen, die sich im Wasser innerhalb kürzester Zeit auflösen.

Extra-Tipp:

Dass Fische scheu sind, haben wir eben gesagt. Mit einigen Gratishappen unseres Hakenköders können wir ihren Argwohn aber rasch schmälern. Spendieren Sie also immer einige Hände Ihres Fischfutters und werfen sie es auf den Angelplatz. Nach und nach nehmen die Fische die losen Köder auf, bis einer einen Haken hat – unseren! Auch gut: pulverförmiges Lockfutter. Das kann einfaches Paniermehl oder mit Lockstoffen zugesetztes Futter aus dem Angelbedarf sein. Einfach nach und nach mit Wasser anfeuchten, bis sich kleine Bällchen daraus formen lassen, die sich rasch im Wasser auflösen und eine stark duftende Wolke bilden. Wetten, dass Ihre Fänge auf diese Weise sprunghaft ansteigen?

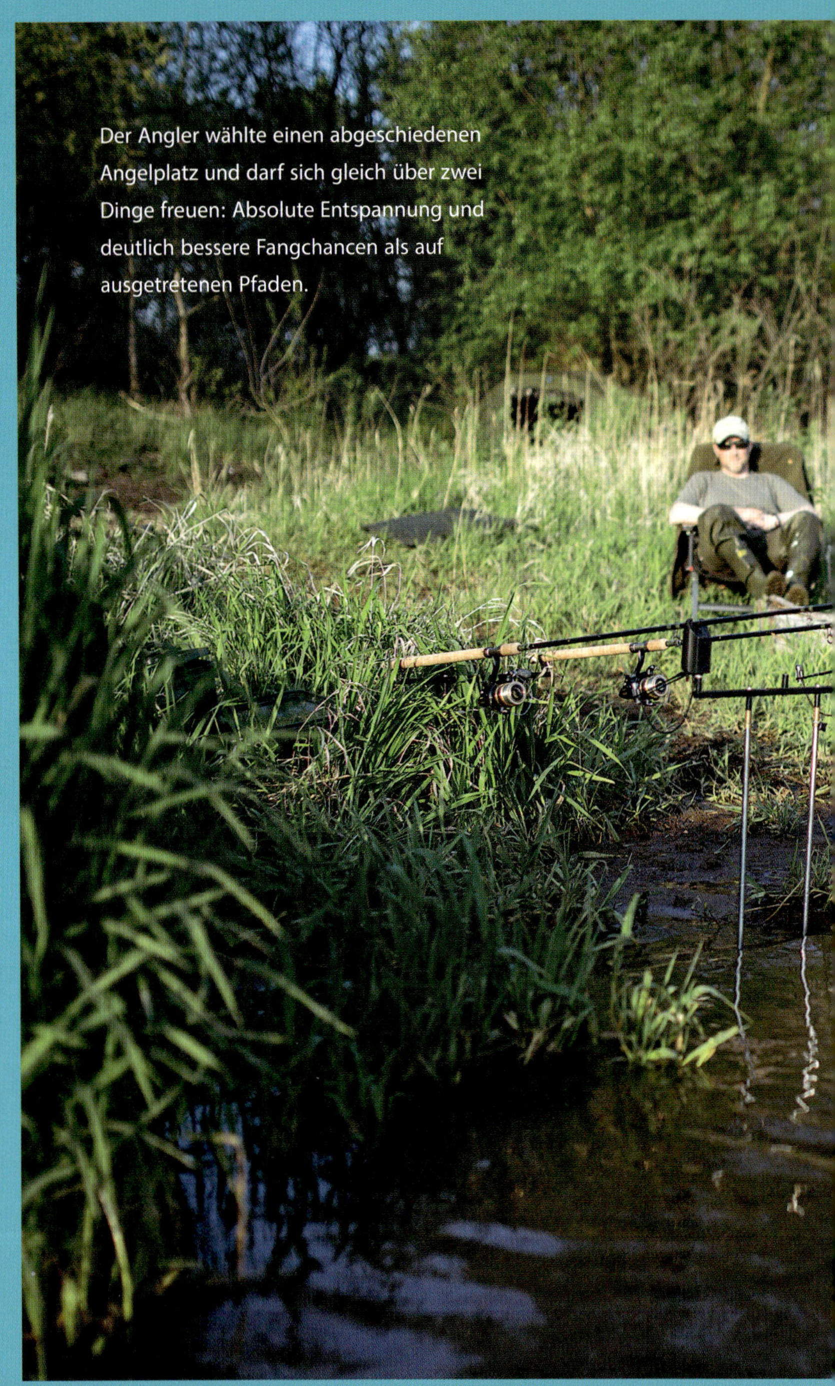

Der Angler wählte einen abgeschiedenen Angelplatz und darf sich gleich über zwei Dinge freuen: Absolute Entspannung und deutlich bessere Fangchancen als auf ausgetretenen Pfaden.

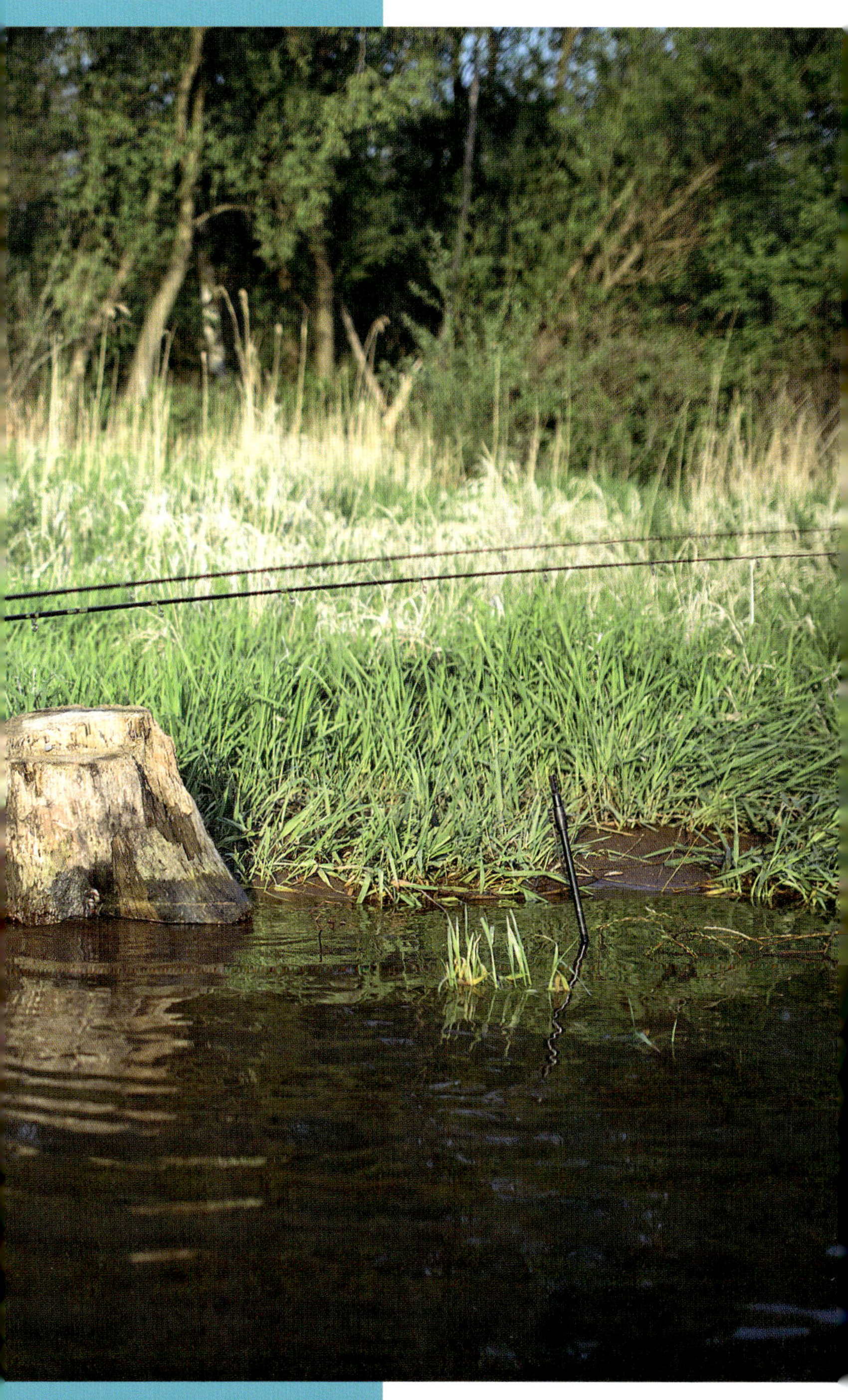

mit Made, Wurm oder Maiskörnern bestückt, wird schon bald die erste Plötze, Schleie und mit etwas Glück vielleicht sogar einen kampfstarken Karpfen an den Haken bekommen. Je dichter der Köder an dem Grünzeug präsentiert wird, desto schneller bekommen wir einen Biss. Sie wissen ja: Fische lieben den natürlichen Schutz des Unterwasserbewuchses. Zehn Meter davon entfernt verringert sich der Wohlfühlfaktor schon merklich. Und wer sich nicht wohlfühlt, schlürft auch unseren Köder nicht gerne ein.

Zurück zur Nahrungskette: Strammen Hechten sowie Barschen, die in kleinen Trupps durchs Gewässer ziehen, ist es nicht fremd, dass sich in der Nähe des Unterwasserdschungels ihre Beute aufhält. Wer hier einen Köderfisch präsentiert oder mit der Spinnangel sein Glück herausfordert, dürfte dem Fangerfolg einen großen Schritt entgegengekommen sein.

Ebenfalls ein Fischmagnet: überhängende und – noch besser – ins Wasser gestürzte Bäume und Büsche. Ja, man könnte solche Spots schon fast als »Wohnung« bezeichnen. Hecht, Barsch, Karpfen, Schleie sowie alle anderen Friedfische nutzen das Astwerk als Unterstand. Und sogar der größte unserer heimischen Räuber, der Wels, hat gerne ein Dach überm Kopf und zieht sich hierher zurück. Dieser Tipp bleibt allerdings nicht ohne Warnung: Jeder gehakte Fisch wird sofort versuchen, in das Hindernis zu flüchten. Kleineren Fischen können wir locker Paroli bieten. Ein wütender Karpfen, Wels oder ein kapitaler Hecht wird aber nur schwer von seinem Vorhaben abzuhalten sein. Als verantwortungsvoller Angler sollten wir also unsere realistischen Chancen abschätzen, bevor wir an risikoreichen Stellen unseren Köder anbieten. Einen im Geäst abgerissenen Fisch sollten wir nicht riskieren. Fairplay!

Weitere mit den Augen auszumachende Angelstellen sind abfallende Kanten. Wir können zwar nicht unter die Wasseroberfläche blicken (dazu kommen wir später noch), trotzdem gibt uns der Uferverlauf häufig einen

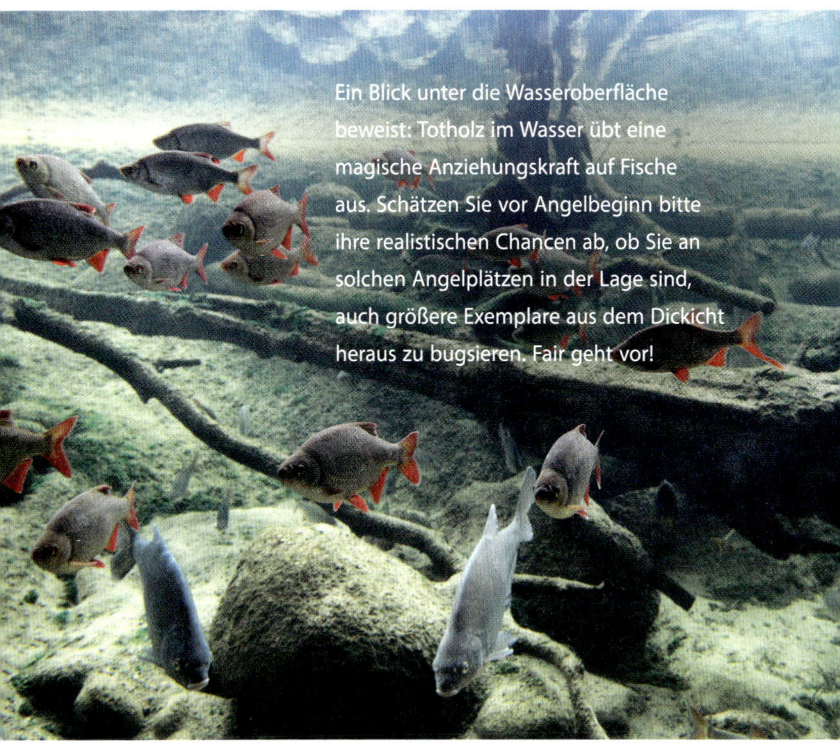

Ein Blick unter die Wasseroberfläche beweist: Totholz im Wasser übt eine magische Anziehungskraft auf Fische aus. Schätzen Sie vor Angelbeginn bitte ihre realistischen Chancen ab, ob Sie an solchen Angelplätzen in der Lage sind, auch größere Exemplare aus dem Dickicht heraus zu bugsieren. Fair geht vor!

guten Anhaltspunkt, wie sich die Struktur im nassen Element fortsetzen könnte. Und das gilt nicht nur für stehende, sondern für alle Gewässertypen. Ein Beispiel: Wenn eine Uferseite des Sees einen sanft abfallenden Verlauf aufweist, während sich eine weitere Uferpartie durch eine starke Abbruchkante auszeichnet, dürften wir den tieferen Teil gefunden haben. Hier gehen die meisten Fischarten auf Nahrungssuche oder nutzen die tiefen Bereiche als Zugroute.

Noch Fragen? Genau hier müssen wir unseren Köder platzieren. Das soll allerdings nicht heißen, dass die flachen Gewässerteile dauerhaft fischleer sind. Nachts und in den frühen Morgenstunden suchen Friedfische hier ebenfalls gründelnd nach Nahrung. Tagsüber, ganz besonders im Sommer, sollten wir diese Bereiche meiden.

Und es geht weiter: Inseln, Landzungen, einfließende Bäche oder die Ränder von gut erkennbaren Flachwasserbereichen sind echte Hotspots. Und noch einmal: Fische suchen im Gewässer nach drei Dingen: Nahrung, Schutz und Orientierung. Dass mit dem Einlauf eines Baches stets frische Nahrung ins Gewässer getrieben wird, liegt auf der Hand. Logisch, dass hier viele Fischarten mit offenen Mäulern auf die Leckerbissen warten. Die abfallenden Kanten von Landzungen und Inseln haben einen großen Vorteil, wenn wir sie mit denen der Uferpartien vergleichen: Ruhe! Während am Ufer immer wieder Fußgänger (Angler!) entlanglaufen und für Unruhe sorgen, fühlen sich die Fische hier ungestört. Bingo!

Um eine realistische Erwartungshaltung zu bekommen: Das hier Gesagte sind erste Anhaltspunkte, keine Garantien für einen vollen Kescher. Nichts ist beim Angeln so gewiss wie die Ungewissheit. Die Natur lässt sich deuten, ja. Aber kaum nach einer Formel ausrechnen. Gut so! Und überhaupt: Es spielen ja noch allerlei weitere Zusammenhänge (Wind, Wetter, Jahreszeit …) eine Rolle, die wir in späteren Kapiteln kennenlernen. Erst aus dem Zusammenspiel aller Faktoren wird ein Schuh aus unserer Location.

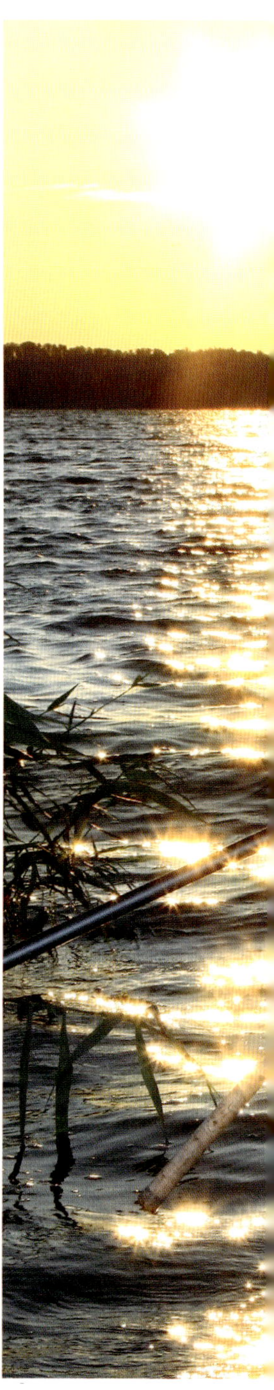

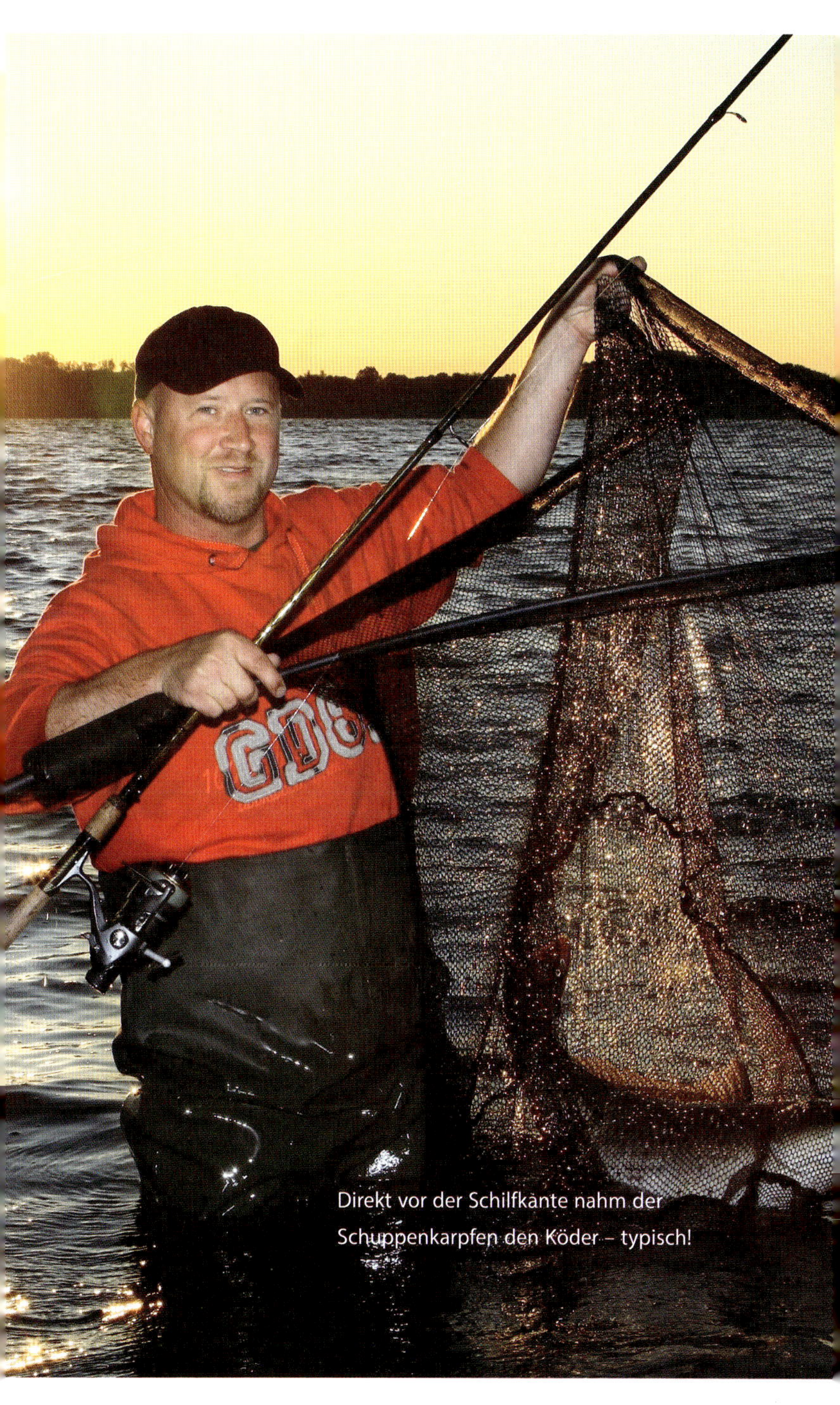

Direkt vor der Schilfkante nahm der Schuppenkarpfen den Köder – typisch!

Bäche und Flüsse

Die vorherrschende Strömung von Bächen und Flüssen kann uns das Angeln aus technischer Sicht erschweren. Einerseits. Andererseits macht sie uns in vielen Fällen die Location deutlich einfacher. Um einen Fluss zu »lesen«, benötigen wir kein Diplom und müssen nur Strömungsverlauf und -stärke im Auge behalten – ganz schön einfach. Zunächst einmal: Was wir eben über die erkennbaren Strukturen stehender Gewässer gesagt haben, gilt natürlich ebenfalls für Bäche, Flüsse und Kanäle. Überhängende und ins Wasser gestürzte Bäume, Abbruchkanten, Inseln, Unterwasserbewuchs oder Einläufe sollten unsere Alarmglocken in erste Bereitschaft versetzen – das sage ich gerne ein zweites Mal. In erster Linie ist es aber die Strömung, die über Top oder Flop Auskunft gibt.

Einige Fischarten, wie zum Beispiel Rapfen, fühlen sich direkt in der Hauptströmung wohl. Ansonsten mögen es die meisten Flossenträger noch viel lieber, wenn sie sich dem starken Strom entziehen können. Ganz klar, es spart schließlich kostbare Energie, wenn man nicht ständig gegen die Strömung anschwimmen muss. Weil mit der aber beständig frische Nahrung durch Bach und Fluss getrieben wird, sind die Fische in der Bredouille: Strömung meiden, um Energie zu sparen, vs. Strömung suchen, um Nahrung zu finden (die für Energie sorgt). Die meisten Fische halten sich deshalb an den Strömungskanten, den unmittelbaren Übergängen von fließendem zu beruhigtem Wasser, auf und fressen auch dort. Schauen Sie es sich an. Stellen Sie sich an das Ufer Ihres Flusses und beobachten Sie den Strömungsverlauf. Rasch werden Sie in Ufernähe einen Bereich erkennen, der zwar noch bewegt, von der Hauptströmung aber nicht betroffen ist. Voilà, das ist die Strömungskante. Hier stehen (und ziehen) Friedfische, Zander, Forellen, Barsche, Welse und warten auf vorbeitreibende Nahrung oder einen unachtsamen Moment ihrer Beute und schlagen als Raubfisch zu.

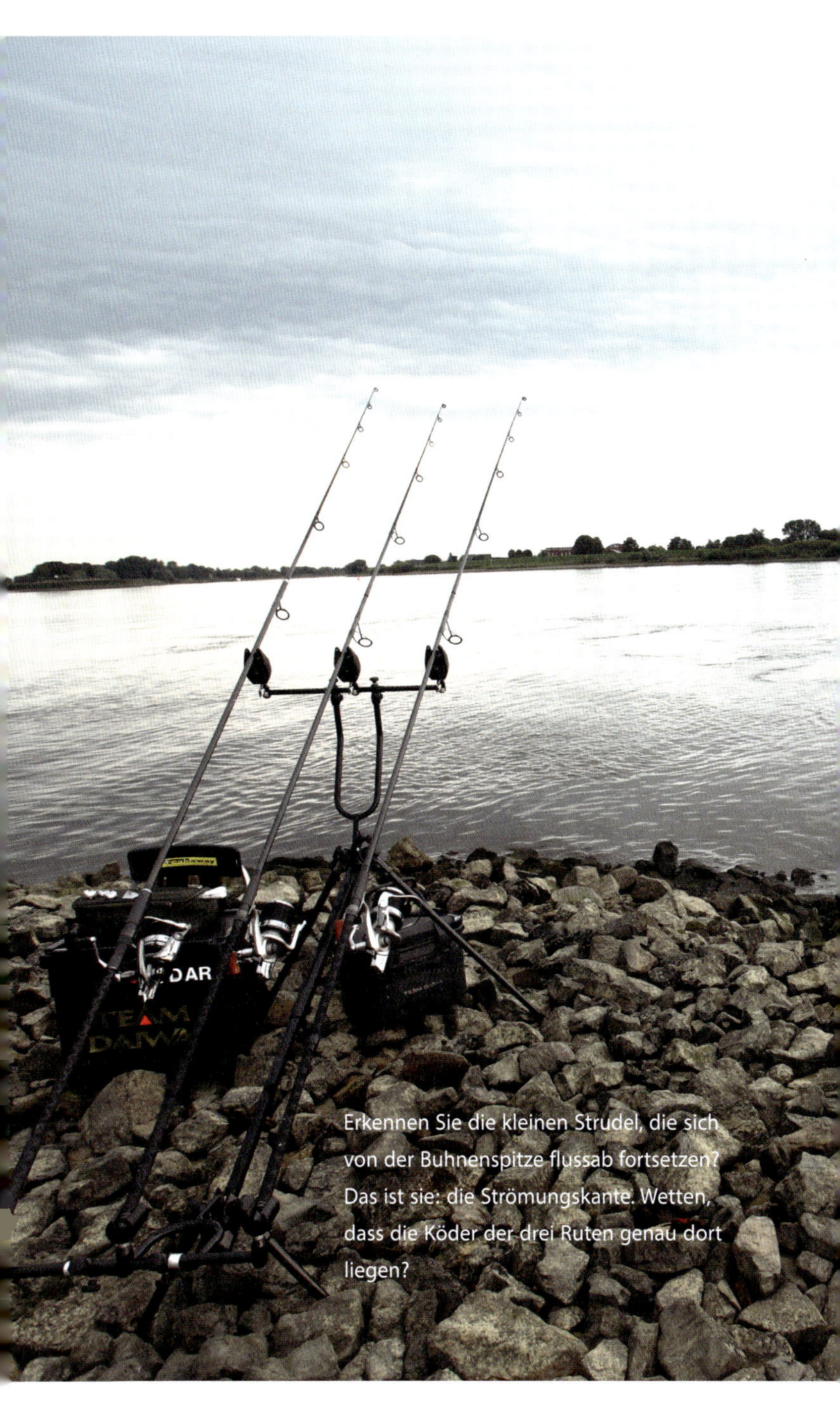

Erkennen Sie die kleinen Strudel, die sich von der Buhnenspitze flussab fortsetzen? Das ist sie: die Strömungskante. Wetten, dass die Köder der drei Ruten genau dort liegen?

Extra-Tipp:

Sie sind unsicher, wie sich der Strömungsverlauf im Wasser fortsetzt? Machen Sie den Test und werfen Sie einen Stock ins Wasser. Der schwimmt auf der Wasseroberfläche und zeigt durch seinen zurückgelegten Weg an, wie sich die Strömung fortsetzt. Und jetzt wird es interessant: Dort, wo der Stock hingetrieben wird und zum Stillstand kommt, wird auch die natürliche Nahrung hingespült. Wo wir unseren Köder platzieren müssen, braucht nicht mehr gefragt werden.

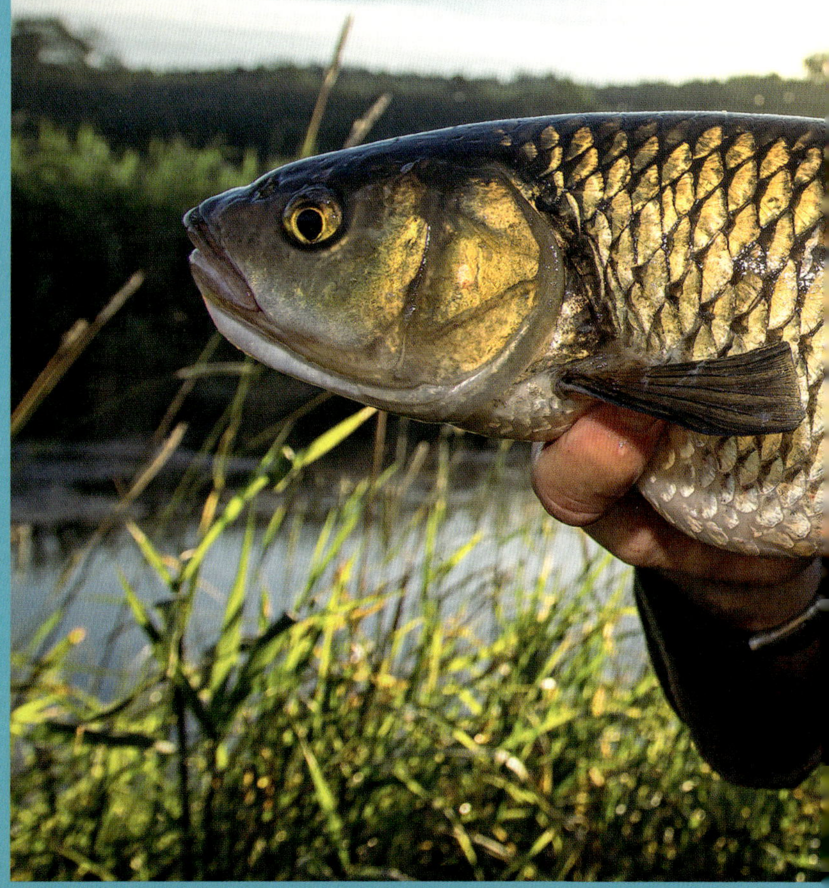

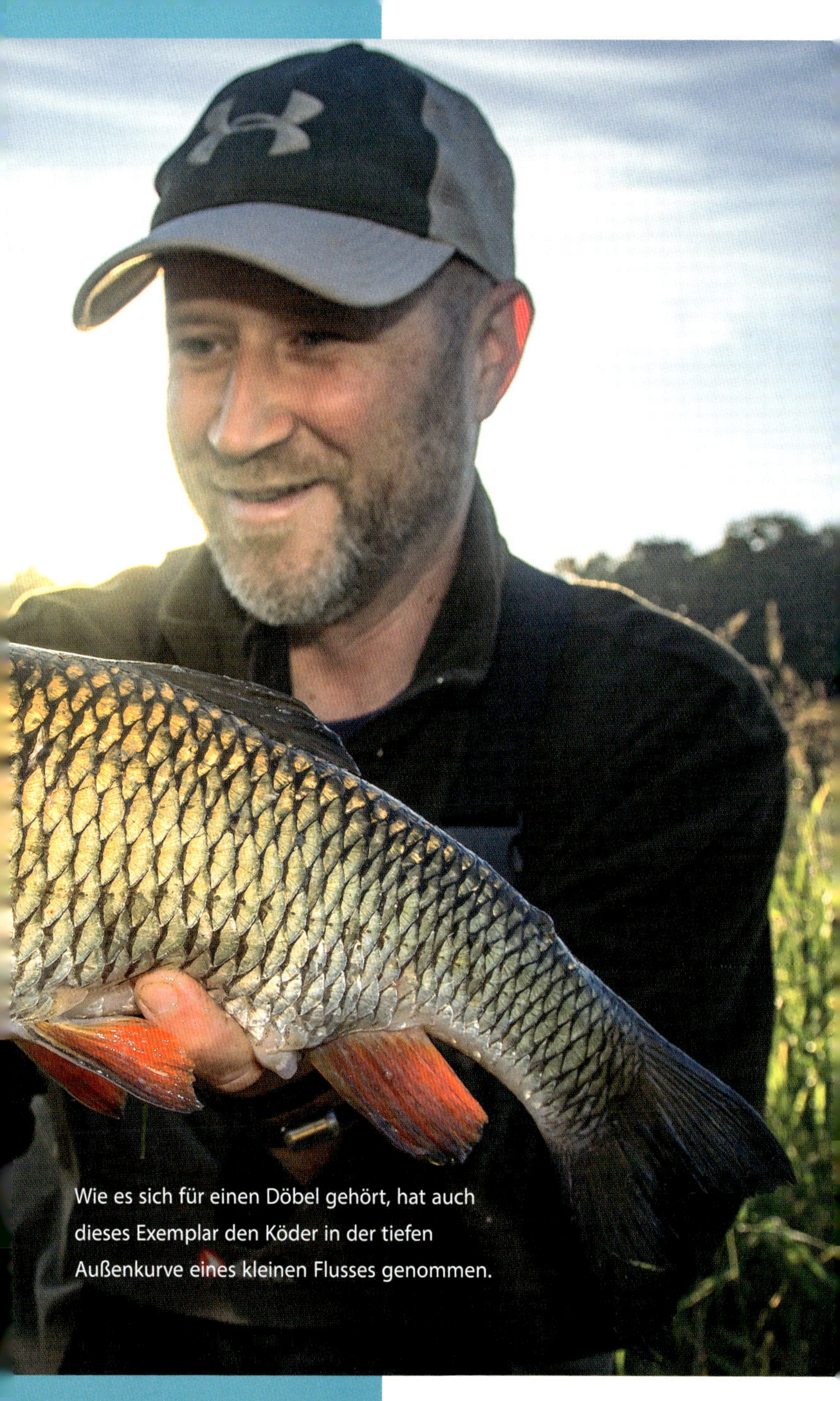

Wie es sich für einen Döbel gehört, hat auch dieses Exemplar den Köder in der tiefen Außenkurve eines kleinen Flusses genommen.

Apropos Energie sparen: Überall dort, wo der übliche Strömungsverlauf unterbrochen wird, ist mit Fisch zu rechnen. Das beginnt im Kleinen und endet im Großen. Der Reihe nach: In einem kleinen Bach können schon etwas größere im Wasser liegende Steine ausreichen, um in diesem minimal, strömungsberuhigten Bereich dahinter einen attraktiven Standplatz für Forellen zu bieten. Es ist ja wirklich praktisch, im Strömungsschutz des Steines zu stehen und nur kurz mit geöffnetem Maul herausschießen zu müssen, wenn Käfer, Larven und anderes Getier vorbeigetrieben werden. Leben wie Gott in Frankreich! Und was im Bach die Steine sind, sind woanders die Brückenpfeiler, die Ufervorsprünge oder die als Wellenbrecher dienenden Buhnen unserer großen Flüsse.

Halten wir also fest: Wo die Strömung unterbrochen wird, muss unser Köder hin!

Strömungen, Buhnen, Wehre

Kehrströmungen – auch ganz hervorragende Spots! Diese bilden sich hinter Wasserfällen und Rauschen, aber auch rund um die Buhnenspitzen oder hinter Flussbiegungen. Wer aufmerksam die Wasseroberfläche beobachtet, erkennt sie schnell. Denn: Wie es der Name verrät, dreht sich hier die Strömung und sammelt somit die natürliche Nahrung. Weiterer Pluspunkt: Der leichte Strudel dieser Kehrströmungen hat längst ein tiefes Loch (den sogenannten Kolk) in den Grund gespült, wo sich die Fische nur allzu gerne hineinlegen, während über ihren Köpfen der Tisch auf ewig gedeckt ist. Oft sammelt sich hier Treibgut, was als zusätzliches Dach über dem Kopf dient.

Fast ein Naturgesetz, dass die Außenkurven eines jeden Fließgewässers die tief ausgespülten Bereiche darstellen. Im Bach stellen sich Forellen, Hechte, Friedfische, ach eigentlich alle Fischarten gerne in die tiefen Löcher. Im süddeutschen Raum werden diese Vertiefungen im Bach (und die hinter Wasserfällen) Gumpen genannt. Und weil diese häufig sehr

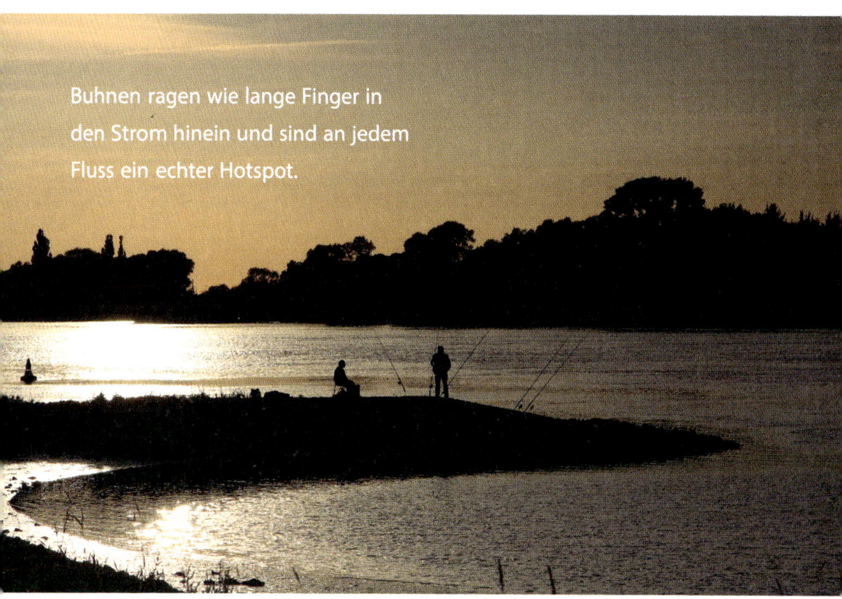
Buhnen ragen wie lange Finger in den Strom hinein und sind an jedem Fluss ein echter Hotspot.

klein sind, eigentlich jeder Fisch gerne hier wäre, aber kein Platz für alle vorhanden ist, setzt sich meist der größte und dominante Fisch durch und bezieht das komfortable Zuhause.

Auch in diesem Zusammenhang gilt: Was im kleinen Bach Gültigkeit hat, kann im großen Fluss nicht völlig verkehrt sein. Egal, ob Elbe, Rhein oder Donau: Die Außenkurven sind tendenziell die tieferen Bereiche eines Flusses und dort halten sich Fische eben gerne auf. Und weil wir uns als Mensch am Ufer eines großen Flusses schon bald so klein wie eine Ameise fühlen, sehen wir die Kurve vor lauter Fluss nicht auf den ersten Blick. Hier hilft der Blick auf die Landkarte (Entschuldigung, oder natürlich auf: Google Earth), um eine Vorstellung des Flussverlaufes zu bekommen.

Weiter oben schon angesprochen: Buhnen. Gaaanz heiße Stellen in jedem Fluss! Wie Finger ragen diese künstlich angelegten Wellenbrecher in den Fluss und trotzen der Strömung. Für uns Angler sind dies eindeutige

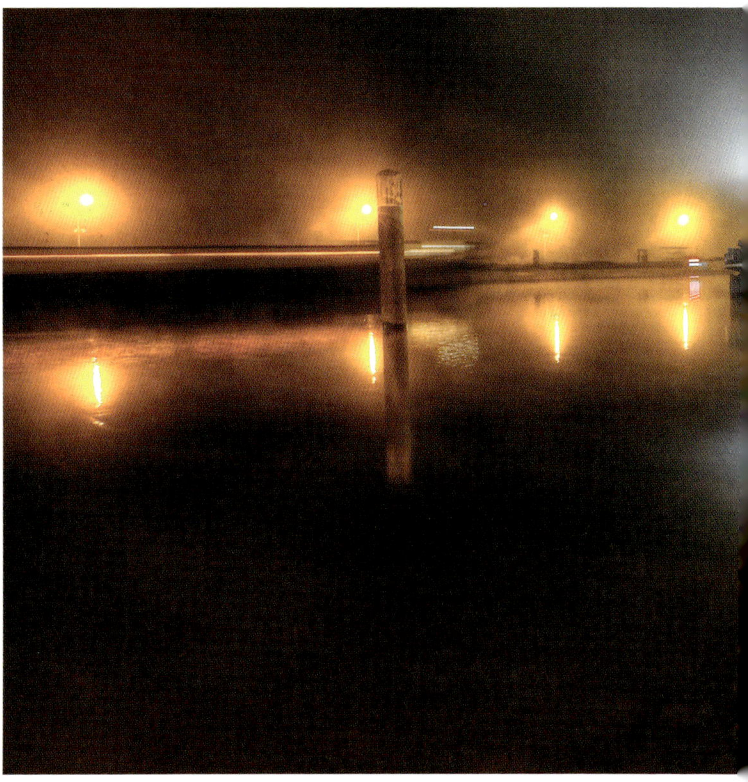

Hotspots und es ist nicht verwunderlich, dass man in stark beangelten Gewässern früh aufstehen muss, um einen Platz an der begehrten Buhnenspitze zu erhaschen. Blicken wir stromab, zeichnet sich jeder Buhnenkessel, also der Bereich zwischen zwei Buhnen, durch eine Kehrströmung aus. Dabei trifft der Strom auf die unten liegende Buhne, wird Richtung Ufer umgelenkt und nimmt von dort seinen Verlauf zur oberhalb liegenden Buhne – die Drehströmung entsteht. Hier sind die tief ausgespülten Areale rund um die Buhnenspitze, die Strömungskante zum Hauptstrom und häufig auch der flachere Bereich im Buhnenkessel die aussichtsreichsten Stellen.

Welche Fischart Sie im Fluss auch beangeln, in einem Buhnenfeld sind Sie dem Fangerfolg ganz nah. Ausprobieren!

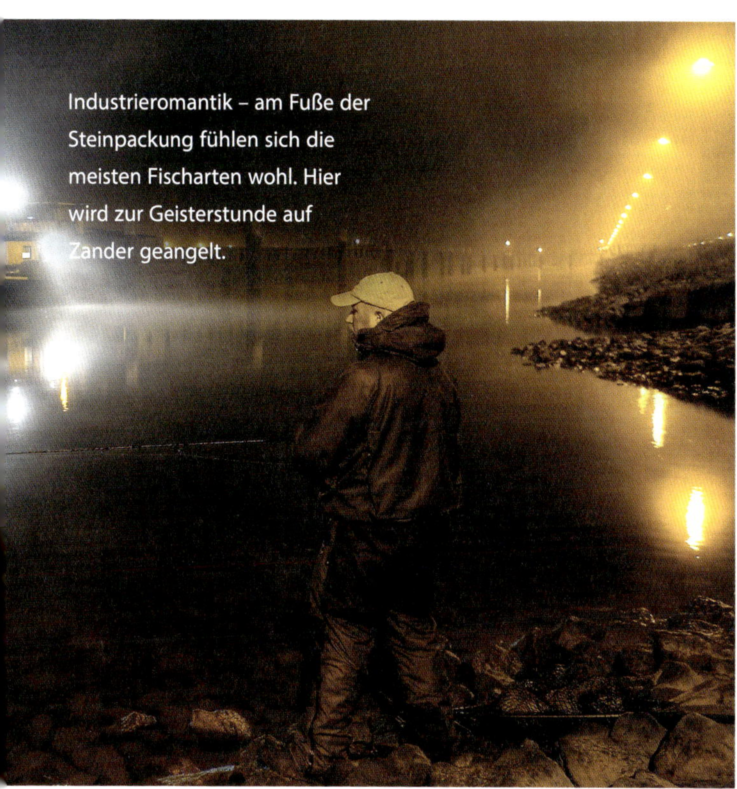
Industrieromantik – am Fuße der Steinpackung fühlen sich die meisten Fischarten wohl. Hier wird zur Geisterstunde auf Zander geangelt.

Buhnen bestehen wie die Ufer unserer Flüsse und Schifffahrtskanäle meistens aus künstlich aufgeschichteten Steinpackungen. So sind die Wasserwege gegen den Wellenschlag der Schifffahrt geschützt und werden damit zusätzlich in ihren vorgegebenen Verlauf gezwängt. In Hinblick auf Flora und Fauna ist das natürlich nicht ideal, uns Anglern erleichtert dies aber die Suche nach unserem Angelplatz.

Genauer: nach der Stelle, wo wir unseren Köder platzieren. Genau dort, wo unter Wasser die Steinpackung in den sandigen Flussgrund übergeht, muss unser Köder liegen. Aalangler wissen, was gemeint ist, denn zwischen den Gesteinsbrocken finden die Schlängler immer eine Lücke zum Verstecken. Und wenn der Hunger ruft, muss der Aal nur seinen Kopf

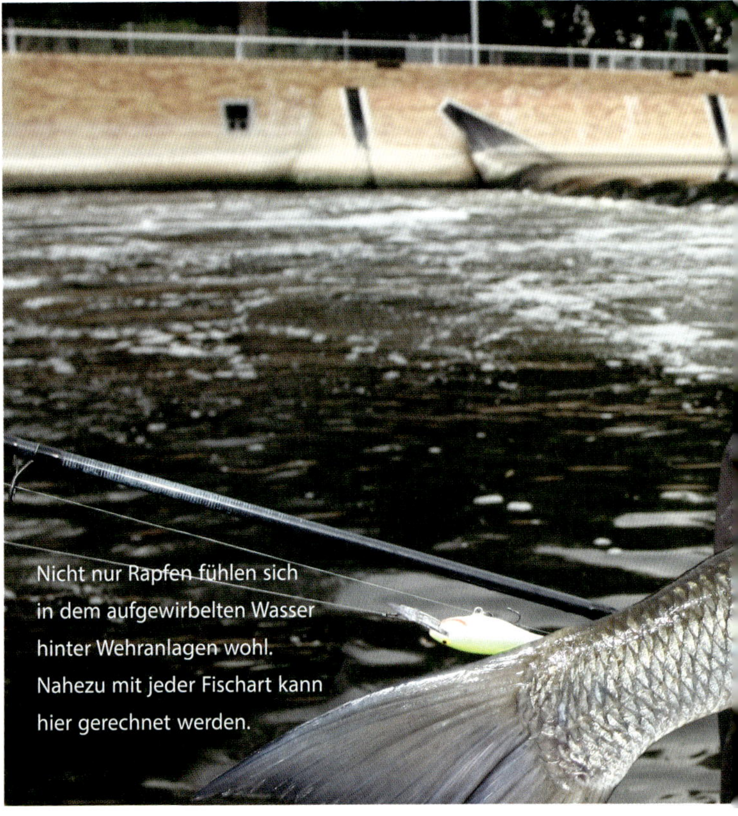
Nicht nur Rapfen fühlen sich in dem aufgewirbelten Wasser hinter Wehranlagen wohl. Nahezu mit jeder Fischart kann hier gerechnet werden.

aus dem Versteck strecken, um sich den Magen mit Kleinstlebewesen zu füllen, die hier in Massen vorkommen.

Ganz klar: Friedfische, Barsche, Zander und Hechte fühlen sich hier ebenfalls wohl.

Wonach sich jeder Angler im Fluss die Finger leckt, sind Wehre, die zur Regulierung des Wasserstandes geschaffen wurden. Wenn sich kilometerweit kein Fisch blicken lässt, hinter einem Wehr sammelt sich von Aal bis Zander das gesamte ABC der Fischarten. Hier wird Nahrung aufgewirbelt, hier ist Sauerstoff im Wasser gelöst, hier herrschen ganz unterschiedliche Strömungsverhältnisse. Kurz: Hier rappelt's! Was allerdings

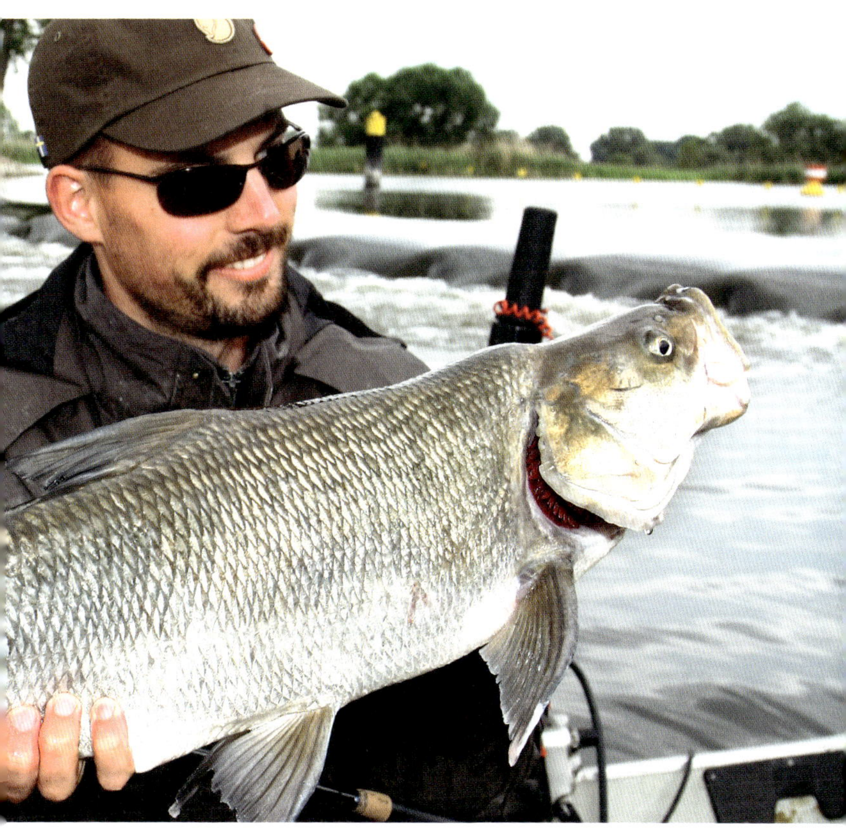

von Menschenhand geschaffen wurde, wird auch durch Menschen reglementiert: Häufig ist das Angeln hinter Wehren auf den ersten 100 oder 200 Metern verboten. Nützt ja nix – dann gehen wir eben so dicht ran wie erlaubt. An der Oberfläche und im Mittelwasser rauben Rapfen, eine Etage tiefer sind es Hecht, Zander und Wels, die sich mit den massenhaft vorkommenden Kleinfischen den Wanst vollschlagen. Über den Gewässergrund schlängeln sich zusätzlich Aale, während Brassen, Karpfen und andere Friedfische hier ebenfalls auf Nahrungssuche sind. Paradiesische Zustände!

Gleiches gilt übrigens für Schleusen: Erstklassige Angelplätze, leider ebenfalls häufig mit allerlei Ge- und Verboten für uns Petrijünger belastet.

Kanäle

Das Angeln im Kanal kann zu einer echten Herausforderung werden. Muss es aber nicht! Wer sich hier intensiv mit der Location auseinandersetzt, kann echte Sternstunden erleben. Das Hauptproblem ist die Monotonie dieser Schifffahrtstraßen. Sowohl über als auch unter Wasser! Wie mit dem Lineal gezogen setzen sich Kanäle in der Landschaft fort. Wo will man hier beginnen mit der Suche nach Fisch? Richtig, genau dort, wo diese Eintönigkeit unterbrochen wird. Auch hier kann zunächst die Suche auf der Landkarte (oder der Karten-App auf dem Smartphone) helfen. Viele Kanäle verfügen über Wendebecken, Schiffspoller, kleine Häfen, Seitenkanäle, Einläufe und, und, und. Das sind die ganz heißen Ecken!

Selbst auf freier Strecke lohnt sich ein Versuch. Allerdings: Geduld ist hier eine wichtige Tugend. Die Fische ziehen oft rastlos durchs Gewässer und sind mal hier, mal dort anzutreffen. Mit viel Gewässerkenntnis kann sich dabei ein Muster herauskristallisieren. Darauf bauen sollten wir aber nicht. Wenn sich die Fische aber erst mal an unserem Platz eingefunden haben, können wir Traumtage erleben. Wer beim Friedfischangeln dem Glück auf die Sprünge helfen möchte – das gilt für alle Gewässer, im Kanal aber noch ein bisschen mehr –, füttert vor dem eigentlichen Angeln in regelmäßigen Abständen an. Einige Hände Boilies (für Karpfen) oder Partikelköder wie gequollener Mais, Weizen oder Hanf täglich nach der Arbeit ins Wasser geworfen, können unsere Fänge an einem späteren Angeltag deutlich steigern. Ja, das macht Arbeit und kostet Geld. Aber ja, es zahlt sich am Ende meistens aus – in Form einer krummen Rute und singender Schnüre.

Wer es auf Kanalräuber abgesehen hat, kommt nicht daran vorbei, lange Wege zu gehen. Strecke machen! Wenn die offensichtlichen (oben genannten) Stellen ausgiebig beangelt wurden, müssen wir uns mit

Extra-Tipp:

Beim Einholen der Haarmontage sind statt Fisch einige Muscheln am Haken. Kein Grund zum Verzweifeln: Wenn der Köder so dicht an einem Muschelfeld lag, haben wir eigentlich alles richtig gemacht. Der nächste Biss kommt – bestimmt!

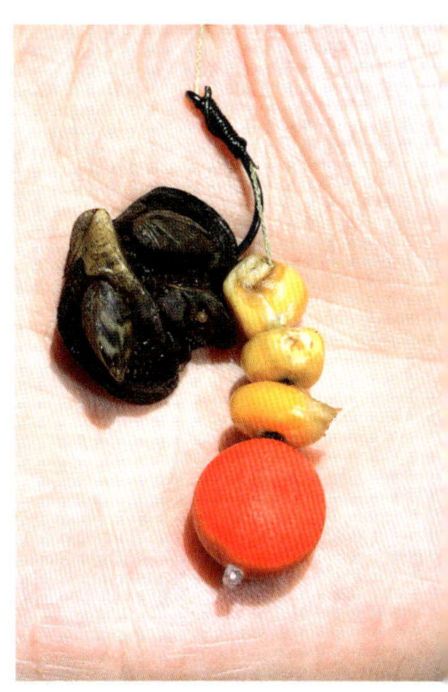

der Spinnrute bewaffnet den Kanal entlangfischen. Systematisch angeln wir so einen immer größeren Bereich ab und kommen irgendwann zum Erfolg. Kanalfische verlangen eben nach einer Eintrittskarte. Und die müssen wir uns mühsam erarbeiten, in diesem Fall mit gutem Schuhwerk. Der Fangerfolg schmeckt dafür später doppelt gut.

Gut zu wissen: Wenn sich der Erfolg einstellt und eine Stelle sogar regelmäßig Fisch produziert, steckt selten der Zufall dahinter. Im Verborgenen, direkt am Gewässergrund, findet sich meistens die Erklärung. Das können zum Beispiel kleine (und große) Ansammlungen von Steinen, ausgespülte Löcher, Bewuchs oder ein andersartiges Bodensediment sein. Kurz: Alles, was sich von der Eintönigkeit des üblichen Kanalgrundes abhebt. Oft finden sich hier gleichzeitig Anhäufungen natürlicher Nahrung wie Zuckmückenlarven- und Muschelfelder.

Wie Sie diese Stellen finden, ohne gleich in den Tauchanzug zu schlüpfen, lesen Sie im Kapitel »Ausloten der Gewässertiefe« (s. S. 84).

Extra-Tipp:

Fische fangen heißt Fische finden – so einfach ist das. Vorausgesetzt, wir verscheuchen sie nicht vorher! Viele interessante Bereiche finden sich häufig fast unter der Rutenspitze. Da ist vorsichtiges Auftreten wichtiger als der beste Wunderköder. Unterhaltungen sind erlaubt, echtes Gift hingegen sind Erschütterungen, die sich wellenartig aufs Wasser übertragen. Selbst unerfahrene Fische suchen spätestens jetzt das Weite. Dann doch lieber auf Indianersohlen am Ufer entlanglaufen.

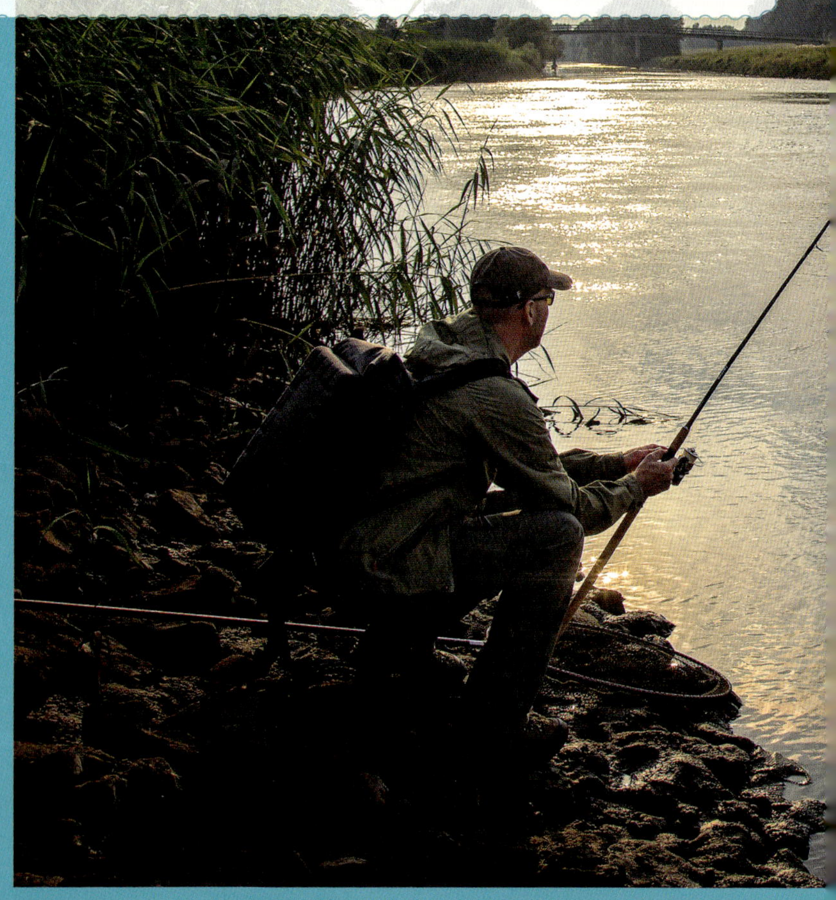

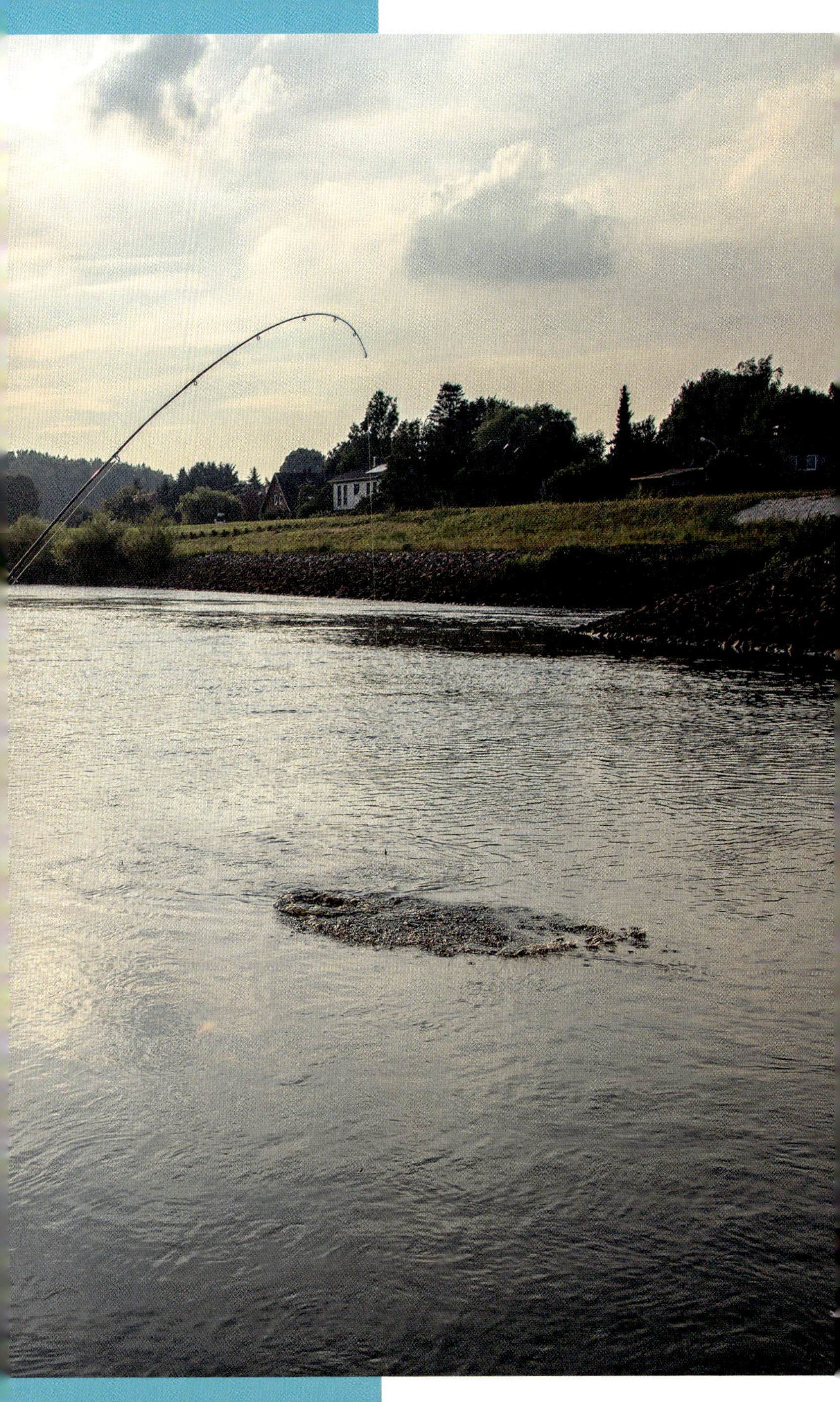

Ist Ihnen das auch aufgefallen? Wenn wir bis hierher über potenzielle Angelplätze sprachen, ging es stets um Indizien, die uns an den Fisch führen können. Nur: Wenn tatsächlich hinter jedem Brückenpfeiler die Rapfen stehen, an jeder Schilfkante ein Hecht lauert und sich in jeder Flussbiegung eine Forelle einstellt, dann wären vermutlich längst alle Fische gefangen. Location ist und bleibt ein Puzzle aus einer unbekannten Zahl an Teilen. Jetzt die gute Nachricht: Oft kommen wir ein großes Stück weiter, weil sich Karpfen, Hecht & Co. selbst verraten. Hier eine Bugwelle, dort ein Kringelchen auf dem Wasser – wem kribbelt es da nicht in den Fingern? Wer diese Zeichen richtig deutet, darf sich am Ende des Tages über neue Eintragungen im Fangbuch freuen. Dabei hat jede Fischart ihre Eigenarten und sendet ganz unterschiedliche Signale aus. Welche das bei den wichtigsten Angelfischen sind, lesen Sie hier.

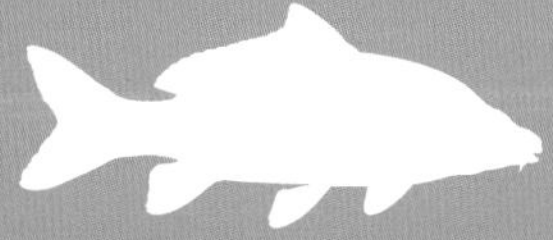

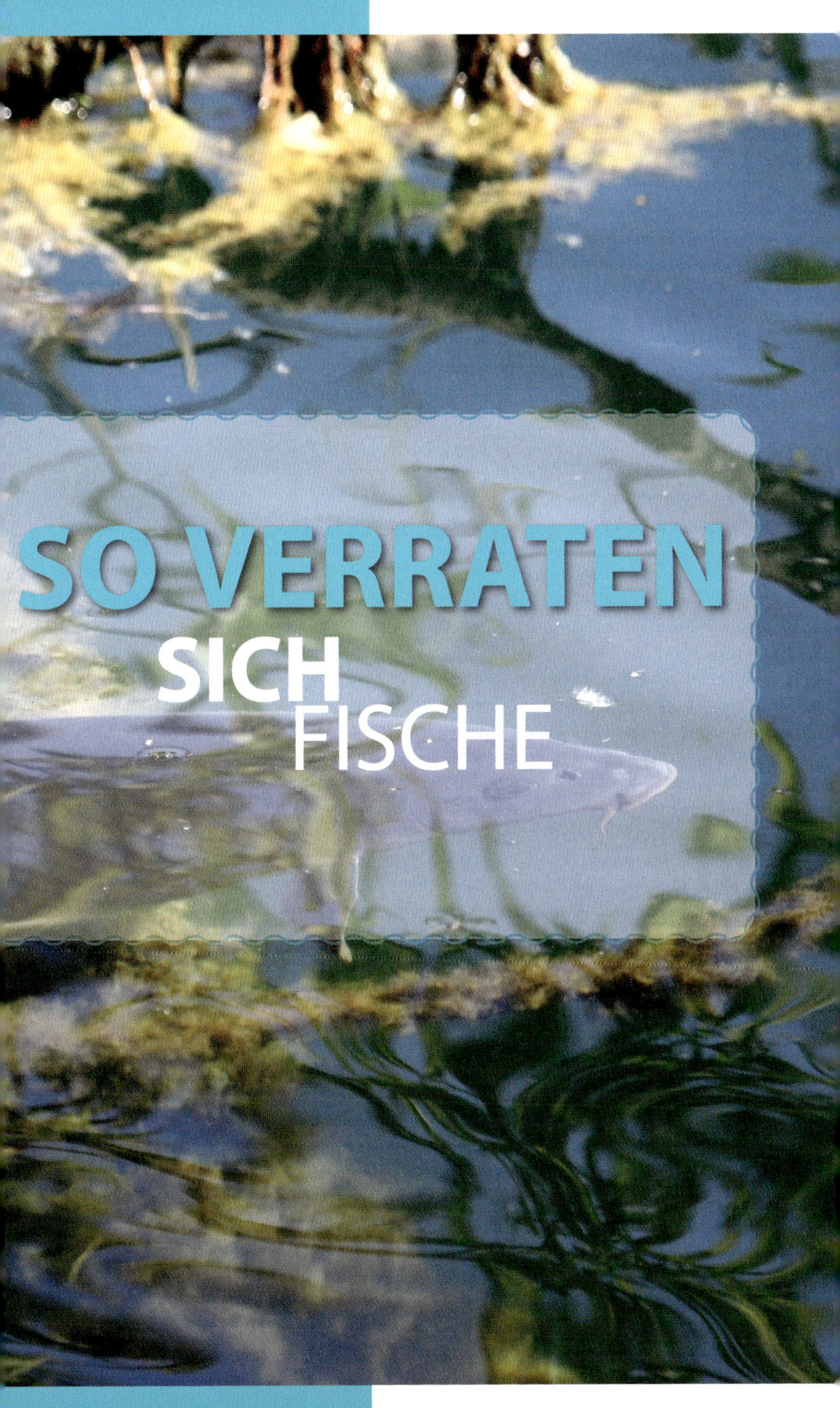

SO VERRATEN SICH FISCHE

Karpfen *(Cyprinus carpio)*

Karpfen sind Schlawiner. Oft zeigen sie sich, verweigern aber jegliche Nahrungsaufnahme – und sind damit für uns unfangbar. Warum sie während der warmen Jahreszeit laut platschend mit dem ganzen Körper aus dem Wasser springen, darüber wird in Anglerkreisen seit Generationen diskutiert. Manche sagen, dies sei ein Zeichen von Wohlergehen. Andere sagen, sie wollen lästige Parasiten abschütteln. Die meisten sind sich aber einig, dass springende Karpfen nicht auf Nahrungssuche sind – da gehe ich mit. Noch frustrierender: Karpfen beim Sonnenbaden. Sobald im Frühjahr die Temperaturen steigen, können wir die Schwergewichte als dunkle Schatten an der Wasseroberfläche ausmachen. Mit anderen Fischen sind sie kaum zu verwechseln, denn nur Karpfen haben diesen massiven Körperbau und die entsprechende Größe. Im Zeitlupentempo ziehen die Fische alleine oder in kleinen Trupps durch die obere Wasserschicht. Manchmal können wir sie mit ins Wasser geworfenen Brotstückchen (oder anderen schwimmenden Ködern) zum Fressen animieren. Aber unter uns: Das klappt nicht sehr häufig. Einen Versuch ist es allemal wert. Dann werfen wir den Fischen unsere Gratishappen aber nicht direkt auf den Kopf, sondern lassen sie mit dem Wind auf die Fische zutreiben oder werfen sie in voraussichtlicher Zugroute ein. Entscheiden sich die Rüssler zur Nahrungsaufnahme, jagt das selbst den erfahrensten Anglern eine ordentliche Dosis Adrenalin durch die Adern. Rute raus, der Spaß beginnt!

Lassen Sie uns über subtilere Anzeichen vorhandener Karpfen sprechen. Den größten Teil ihrer Nahrung nehmen die schlauen Fische direkt vom Grund auf. Mit ihrem vorstülpbaren Maul schlürfen sie genüsslich Muscheln, Insektenlarven und andere Lebewesen vom Gewässerboden auf. Dann ist dort unten richtig Remmidemmi und das Wasser trübt sich durch aufgewirbeltes Sediment deutlich ein. Bei flachem Wasser sind diese eingetrübten Bereiche leicht erkennbar. So sehr die Hände jetzt auch

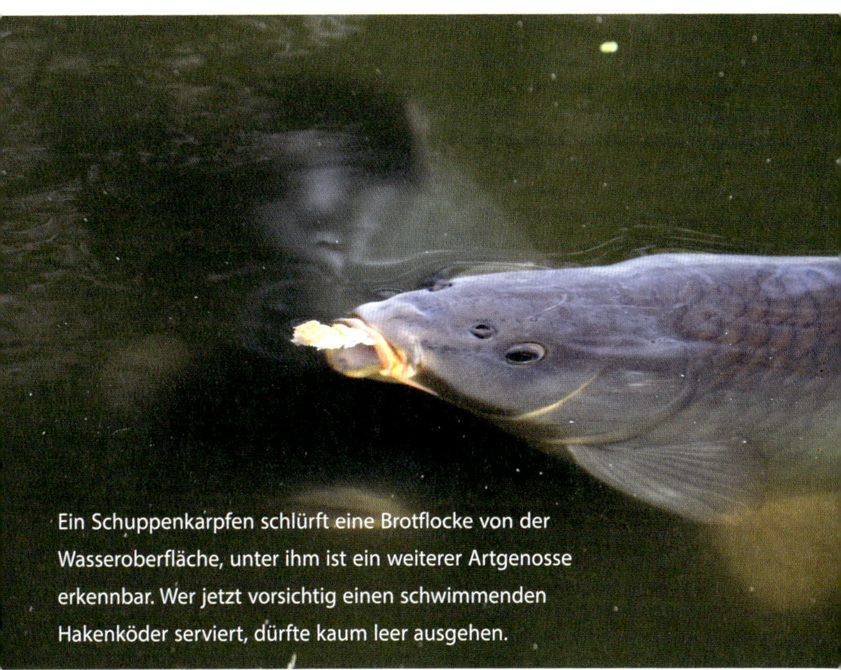

Ein Schuppenkarpfen schlürft eine Brotflocke von der Wasseroberfläche, unter ihm ist ein weiterer Artgenosse erkennbar. Wer jetzt vorsichtig einen schwimmenden Hakenköder serviert, dürfte kaum leer ausgehen.

vor Aufregung zittern: sofort einen Köder an dieser Stelle anbieten. Ganz egal welchen. Geschieht dieses Fressverhalten in größeren Tiefen, bekommen wir von alledem nicht viel mit, weil die Schlammwolke kaum bis zur Oberfläche reicht. Anzeichen für Fischaktivität können wir dennoch ausmachen. In Form von aufsteigenden Luftblasen, die die gründelnden Fische verursachen. Aber bitte nicht kirre machen lassen: Auch andere am Grund fressende Fischarten wie Brassen und Schleie verursachen diese ziehenden Gründelblasen, an denen wir häufig sogar die Schwimmrichtung der Fische ablesen können.

Wichtig: Diese nicht mit durch Faulschlamm entstehende Bläschen verwechseln, die weniger konzentriert auftreten!
Weiteres Anzeichen für fressende Karpfen: »zitternde« Seerosenblätter oder Schilfhalme, hervorgerufen durch Fische, die sich am Grund den Weg durchs Dickicht bahnen.

Schleie *(Tinca tinca)*

Mit ihrem gold-grünen Körper, dem feinen Schuppenbild und ihren rubinroten Augen betören Schleien jeden Friedfischangler. Die meiste Zeit führen die geheimnisvollen Schönheiten ein Leben im Verborgenen und sind nur schwer auszumachen. Schleien lieben Unterwasserbewuchs, Schlamm, trübes Wasser und Dunkelheit. Viele Angler wissen nicht einmal, dass in ihrem Gewässer Schleien vorkommen, weil sie sich nur selten zeigen. Manchmal aber eben doch! Dann »rollen« die Fische direkt über ihren Fressplätzen und verursachen einen kleinen Schwall. Im Bruchteil einer Sekunde können wir dabei ihre typischen, fast schwarzen, abgerundeten Flossen ausmachen oder ihren aufblitzenden Leib erkennen. Bingo!

Eindeutigstes Zeichen für fressende Schleien sind jedoch ebenfalls aufsteigende Gründelblasen. Im Gegensatz zu Karpfen und Brassen verursachen die vornehmen Tincas allerdings sehr feine, an sprudelnden Sekt erinnernde Bläschen, die in Form kleiner Teppiche oder als Blasenspur aufsteigen. Wer hier an der leichten Posenrute Würmer, Maden oder ein Maiskörnchen anbietet und sich von den gewieften Fischen nicht ins Bockshorn jagen lässt, kann schon bald eine grüne Diva über den Kescherrand führen.

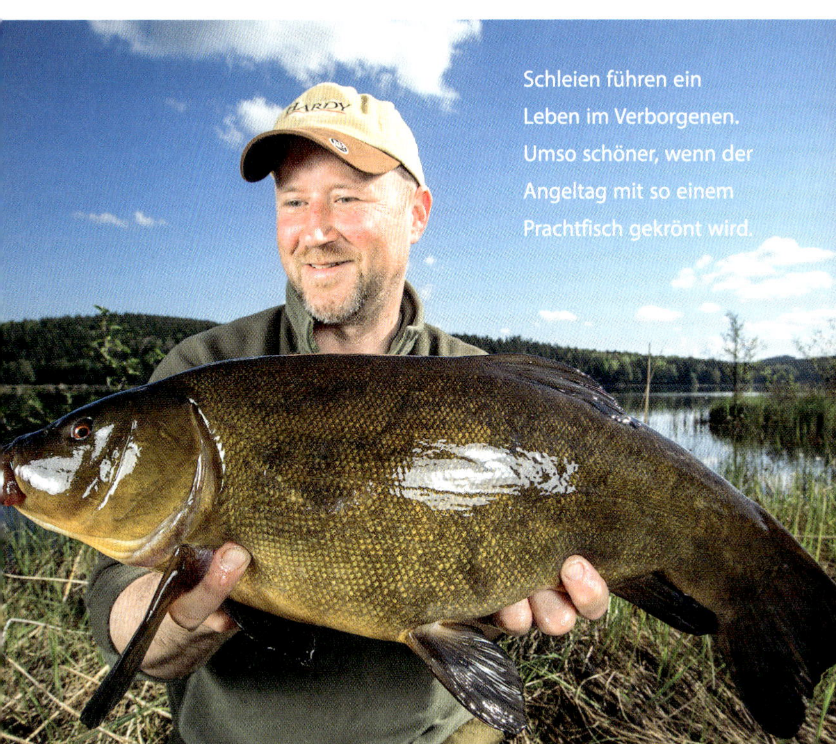

Schleien führen ein Leben im Verborgenen. Umso schöner, wenn der Angeltag mit so einem Prachtfisch gekrönt wird.

Brassen *(Abramis brama)*

Und wieder die Gründelblasen – auch Brassen verfügen über ein rüsselartiges Maul, mit dem sie am Gewässergrund nach Nahrung gründeln. Wirklich unterscheiden kann man nicht zwischen den Blasenspuren von Karpfen oder Brassen. Zumal beide Fischarten in gleichen Arealen fressen. Ist der erste Fisch gefangen, wissen wir, mit wem wir es zu tun haben. Manchmal rollen Brassen an der Wasseroberfläche, wenn sie eine Etage tiefer nach Nahrung suchen. Dieses Verhalten – das haben wir weiter oben schon gesagt – zeigen zwar auch Schleien und Karpfen, wer aber genau hinschaut, erkennt den Unterschied zwischen den unterschiedlichen Fischarten. Flossenform und -farbe und natürlich das Schuppenkleid sind mit geübtem Blick schnell voneinander zu unterscheiden.

Plötze/Rotauge/Rotfeder (*Rutilus rutilus/Scardinius erythrophthalmus*)

So ähnlich Plötze und Rotfeder ausschauen, so unterschiedlich ist ihr jeweiliges Fressverhalten. Die Stellung des Mauls verrät: Rotfedern weisen ein oberständiges, Plötzen ein endständiges Maul auf. Diese Besonderheit steht stellvertretend für die Wasserschichten, in denen die Nahrung bevorzugt aufgenommen wird. Anders ausgedrückt: Rotfedern richten sich nach oben bis zur Wasseroberfläche aus, während Plötzen eher im Mittelwasser oder am Grund nach Fressbarem suchen. Ganz klar: Wenn sich Rotfedern in der oberen Gewässerschicht aufhalten, verraten sie sich durch regelmäßig auftretende Kringel und Schwälle. Oft erkennen wir sogar ihre blutroten Flossen, die hin und wieder die Oberfläche durchbrechen. Ertappt! Hier wird der erste Biss nicht lange auf sich warten lassen. Eine flach eingestellte Posenmontage, an der wir ein Maiskörnchen, Brot, Maden oder Würmer anbieten, wird seine Wirkung nicht verfehlen.
Auch Plötzen/Rotaugen sind mitunter in der oberen Wassersäule anzutreffen (Sommer), können aber auch sehr tief gefangen werden. Verräterische Signale senden sie allerdings kaum aus. Die beste Taktik für erfolgreiches Plötzenangeln ist eine andere: anfüttern! In einer Vielzahl an Gewässern sind Plötzen ein echter Massenfisch und wir müssen nicht lange nach ihnen suchen. Die Aufgabe ist eher, sie an Ort und Stelle zu halten. Das funktioniert am besten mit pulverförmigem Lockfutter, über das wir im vergangenen Kapitel schon gesprochen haben.

Ganz wichtig: Das Futter muss so angerührt werden, dass es zu kleinen Bällen geformt auf die Angelstelle geworfen werden kann, dort aber rasch aufbricht und eine verführerische Wolke erzeugt. Klumpige Brocken würden die Fische viel zu schnell sättigen. Einige lose Beigaben unseres verwendeten Hakenköders halten die Fische bei (Fress-)Laune.

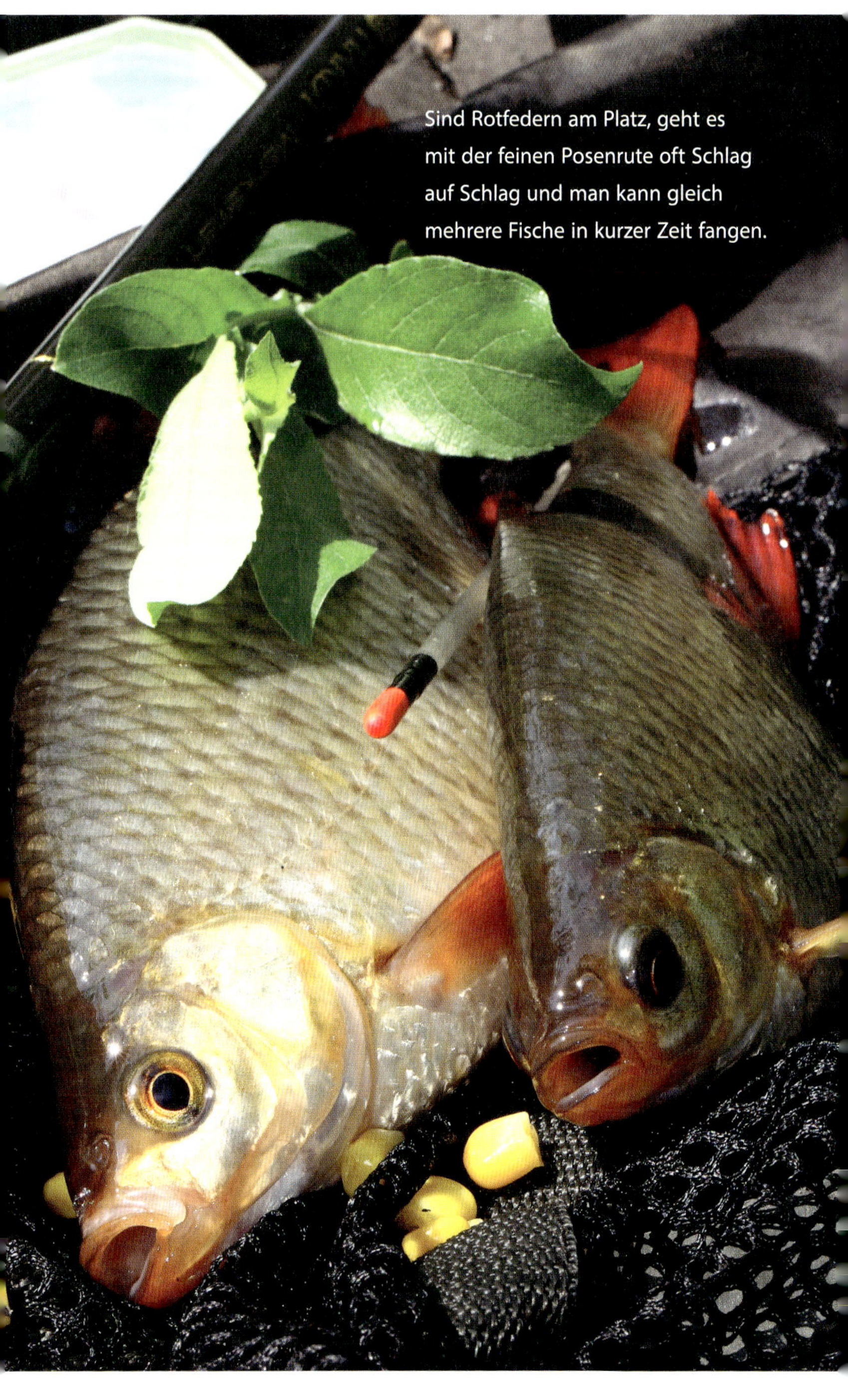

Sind Rotfedern am Platz, geht es mit der feinen Posenrute oft Schlag auf Schlag und man kann gleich mehrere Fische in kurzer Zeit fangen.

Döbel/Aland/Nerfling
(Leusiscus cephalus/Idus idus)

Äußerlich nur schwer zu unterscheiden, haben Döbel und Aland ganz unterschiedliche Lieblinge auf der Speisekarte. Mit wachsender Größe leben Döbel räuberisch und fressen neben allerlei Kleinlebewesen (Käfer, Larven, Krebschen, Würmer …) gerne auch kleine Fische. Stellenweise ist das dem Aland auch nicht fremd, insgesamt liebt er es aber friedlicher. Beide Fischarten fressen in allen Wasserschichten, aber es gilt: Je wärmer, desto weiter oben sind sie anzutreffen. Und so liegt es nahe, dass beide in den Sommermonaten gut ausgemacht werden können. Überhängendes Astwerk und Krautfelder – Döbel und Alande lieben das! Mit der Polbrille erkennen wir ihre Leiber bei klarem Wasser ohne weitere Probleme. Aber auch bei trübem Wasser haben wir eine Chance: Schwimmen die Fische knapp unter der Oberfläche (und das tun sie überwiegend im Sommer), verraten sie sich durch die Kiellinie, die dabei verursacht wird. Ins Wasser geworfene schwimmende Brotflocken sind im Frühjahr und Sommer eine gute Methode, Alande aus der Reserve zu locken.
Denn: Sie können nur schwer davon abhalten, diese genüsslich von der Wasseroberfläche zu schlürfen. Aber Achtung, auch schwergewichtige Karpfen lieben dieses Angebot. Und für die Burschen muss das Gerät entsprechend schwerer ausfallen.

Und Döbel? Die richten sich in den warmen Monaten ebenfalls Richtung Wasseroberfläche aus und warten dort auf ins Wasser fallende Käfer und anderes Getier. Nimmt ein Döbel solch einen Happen von der Oberfläche, ist der entstehende Schwall nur schwer zu übersehen. Mini-Kunstköder mit 2 bis 4 Zentimeter Länge werden häufig in den ersten zwei Sekunden nach dem Aufprall genommen. Während der kalten Jahreszeit sind (wie bei den meisten Fischen) kaum äußere Anzeichen erkennbar.

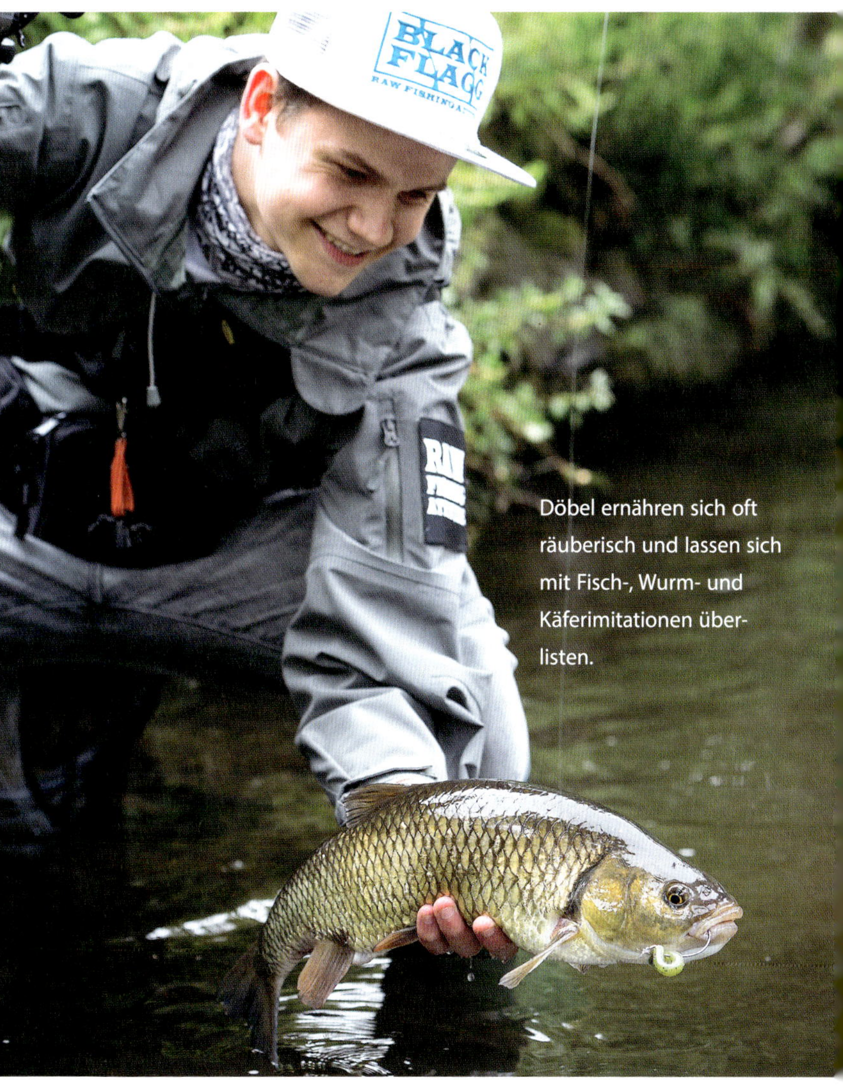

Döbel ernähren sich oft räuberisch und lassen sich mit Fisch-, Wurm- und Käferimitationen überlisten.

Jetzt gilt das Gleiche wie für alle anderen Friedfischarten – wir müssen anfüttern, um sie an den Platz zu locken. Jetzt darf das Futter etwas gröber ausfallen: Mais, Weizen, Hanf, kleine Boilies, Maden, Würmer … dürfen zu großen Anteilen in das Lockfutter eingearbeitet werden.

Hecht *(Esox lucius)*

Der Hecht ist ein Lauerjäger und kann stundenlang bewegungslos auf der Stelle stehen. Logisch, dass er nur auszumachen ist, wenn er im flachen Wasser steht. Hier hilft eine Polbrille beim Erkennen. Aber wehe, wenn der pfeilschnelle Räuber zuschlägt und mit weit aufgerissenem Maul seine Beute attackiert! Wie aus dem Nichts schlägt er lautstark das Wasser schaumig – nicht zu übersehen. Stößt der Hecht in einen Kleinfischschwarm, spritzen die armen Opfer wild auseinander. Man darf das getrost als Naturschauspiel bezeichnen.
Und es geht noch wilder: Selbst vor Entenküken und Fröschen macht Meister Esox keinen Halt. Wenn wir dieses Raubverhalten beobachten, dürfen wir nicht lange zögern. Sofort muss unser Köder in dem Epizentrum der Jagd angeboten werden.

Ansonsten achten wir bei der Suche nach Hechten auch auf sekundäre Anzeichen: Machen wir einen Kleinfischschwarm an der Oberfläche ausfindig, können wir häufig mit einem Hecht rechnen, der es sich unter dem gedeckten Tisch gemütlich gemacht hat. Ebenfalls ein guter Hinweis auf mögliche Hechte (und andere Räuber) sind Haubentaucher. Bei diesen eleganten Wasservögeln steht Fisch ganz oben auf dem Speiseplan. Bei ihren ausgeprägten Tauchgängen erbeuten sie reichlich davon.

Fazit: Wenn sie irgendwo regelmäßig Haubentaucher mit einem zappelnden Fischlein im Schnabel auftauchen sehen, dürften auch Raubfische nicht allzu weit entfernt sein.

Manchmal weisen uns nur sekundäre Anzeichen den Weg zum Hotspot. Fischfressende Vögel wie dieser Haubentaucher sind ein gutes Indiz dafür, dass hier mit Kleinfisch zu rechnen ist. Und wo die sind, sind Raubfische meist nicht weit entfernt.

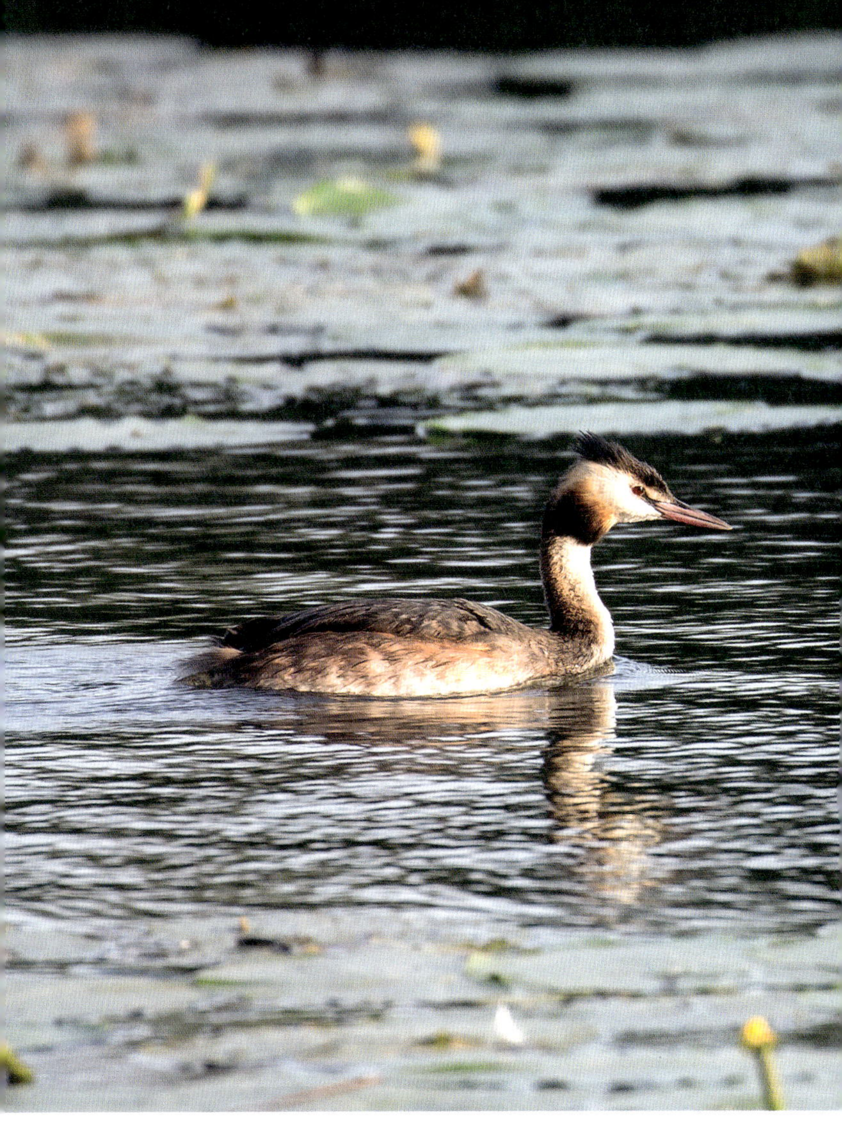

Zander *(Sander lucioperca)*

Warum Zander auf der Beliebtheitsskala vieler Angler ganz weit oben steht, hat zwei Gründe. Denn Zander sind erstens eine ausgesprochene Delikatesse auf dem Teller. Zweitens: Zander sind geheimnisvoll, phasenweise nur schwer an den Haken zu bekommen und zeigen sich nur ausgesprochen selten. Das übt auf viele Angler einen großen Reiz aus. Nachts verlieren die »Glasaugen« manchmal ihre Scheu und jagen in kleinen Trupps in erstaunlich flachem Wasser oder direkt an der Oberfläche. Und das geht nicht leise vonstatten! Ihre Taktik: die Beute Richtung Ufer oder Wasseroberfläche treiben und dann – ähnlich wie Hechte – mit aufgerissenem Maul in den Schwarm stoßen.

Zugegeben, dieses Verhalten ist nicht regelmäßig zu beobachten.

Wenn wir solche Jagdszenen erleben, dürfte ein flach laufender Wobbler hart attackiert werden. Und die übrige Zeit? Nach Gewässerstrukturen Ausschau halten und angeln, angeln, angeln.

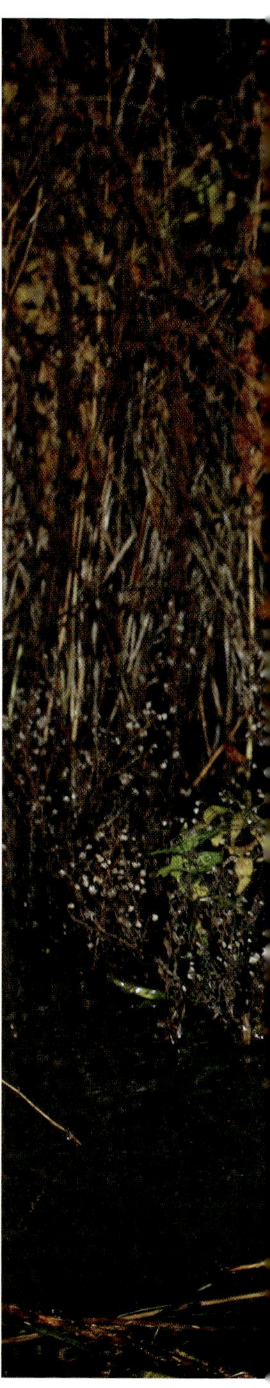

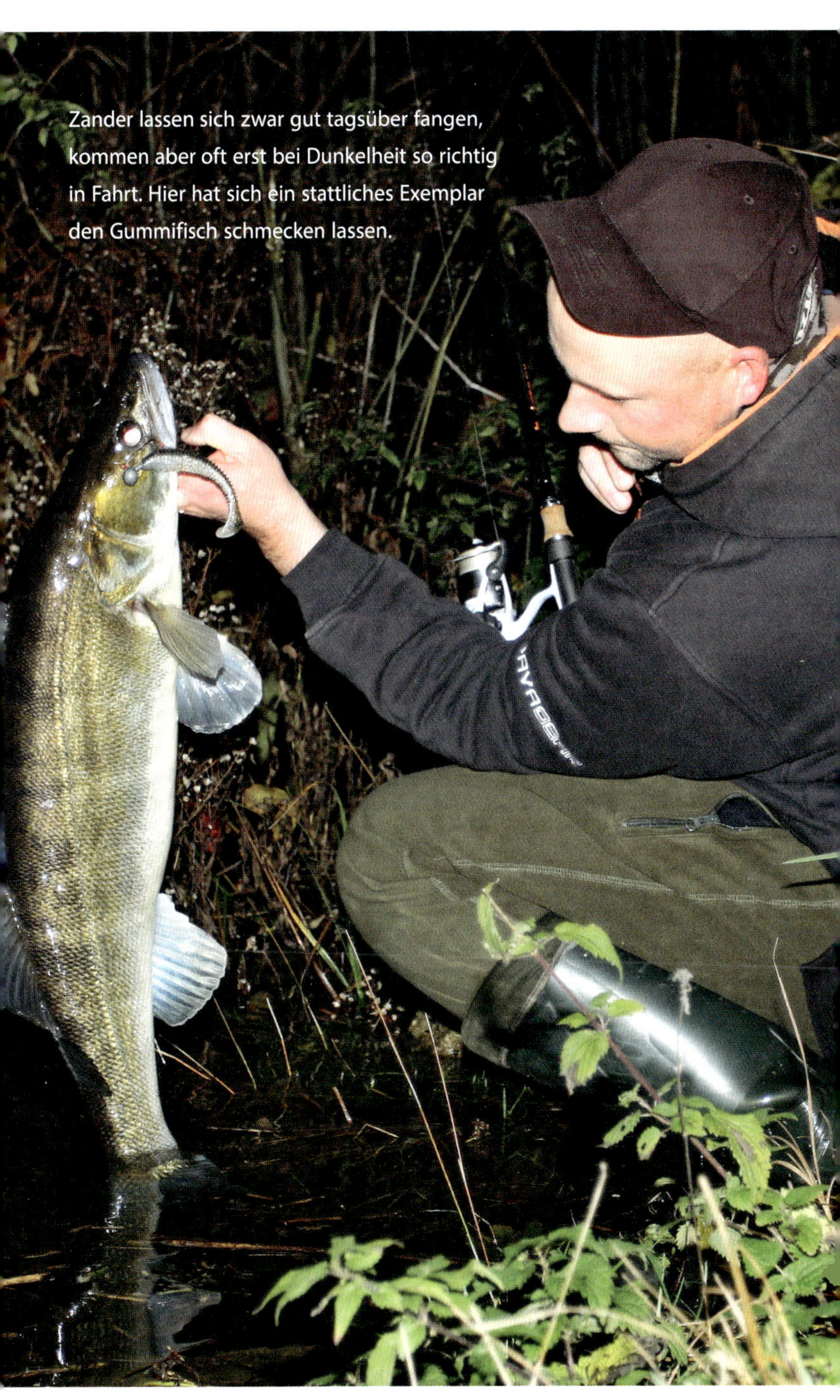

Zander lassen sich zwar gut tagsüber fangen, kommen aber oft erst bei Dunkelheit so richtig in Fahrt. Hier hat sich ein stattliches Exemplar den Gummifisch schmecken lassen.

Barsch *(Perca fluviatillis)*

Barsche können das Wasser regelrecht zum Kochen bringen! Wenn der Schwarmräuber bei seiner Hetzjagd Kleinfischschwärme an die Wasseroberfläche zwingt und sich die gestreiften Großmäuler zu Dutzenden ihren Anteil schnappen, brodelt die Oberfläche. Manchmal bekommen sogar Möwen Wind von diesen Jagdszenen und stoßen aus der Luft zusätzlich in die panischen Kleinfische, um sich ihren Anteil zu sichern. Wer in diesem Getümmel seinen Köder (Wobbler, Blinker, Spinner, Gummifisch …) anbietet, geht mit einem vollen Eimer Barsche nach Hause.

Nicht immer geht es ganz so turbulent zu, das muss man sagen. Aber selbst wenn die Barsche nur eine Handvoll fingerlanger Fischlein an die Oberfläche treiben, ist das Auseinanderspritzen der Beute ein eindeutiger Hinweis für jagende Barsche (oder Rapfen).

Forelle *(Salmo trutta)*

Die Forelle ist die feine Dame in der Fischwelt und verursacht kaum wahrnehmbare Kringel an der Wasseroberfläche, wenn sie sich Insekten von dort schnappt oder für den Bruchteil einer Sekunde eine Flossenspitze das Wasser durchschneidet. Aber sie kann auch anders! Bei der Jagd nach Kleinfisch verliert eine Forelle schon mal die Contenence und es geht etwas wilder zu.

Ansonsten ist das Auffinden der Fische eher etwas für unsere Adleraugen. Polbrille sei Dank schlagen wir der Wasserspiegelung ein Schnippchen und machen uns aktiv auf die Suche. In Flüssen und Bächen stehen die Fische fast regungslos mit dem Kopf in die Strömung und warten auf vorbeitreibende Nahrung.

Haben wir eine Forelle ausgemacht, ist sie schon fast gefangen. Wenn der Magen knurrt und sie keinen Verdacht schöpft, wird sie den an ihr vorbeigeführten Köder nehmen. Biss!!!

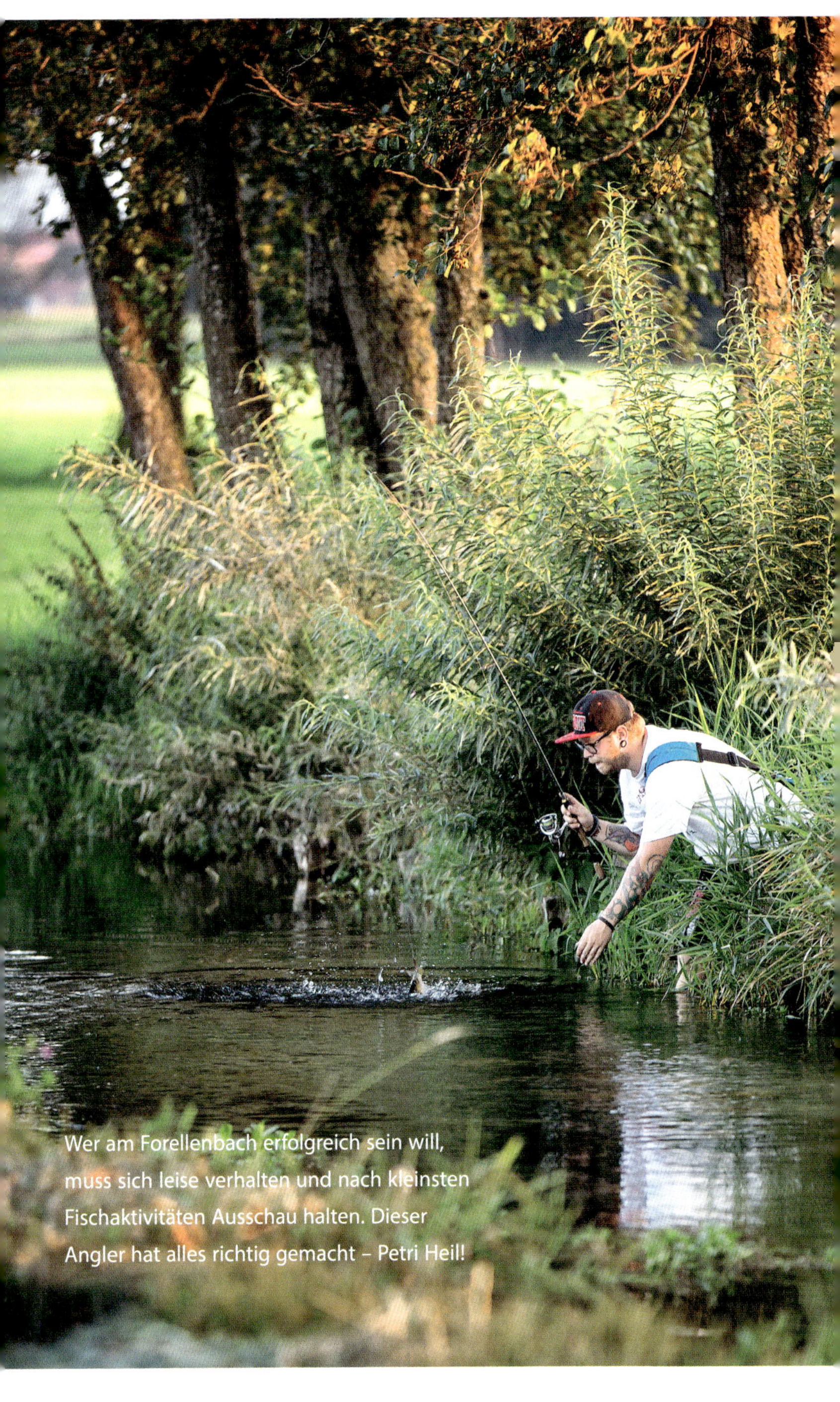

Wer am Forellenbach erfolgreich sein will, muss sich leise verhalten und nach kleinsten Fischaktivitäten Ausschau halten. Dieser Angler hat alles richtig gemacht – Petri Heil!

Rapfen/Schied *(Leuciscus aspius)*

Ähnlich wie Barsche treiben auch Rapfen ihre Beute an der Wasseroberfläche zusammen und sorgen dort für ausgeprägte Panik. Wie Silvesterraketen schießen die Kleinfische in die Luft – und werden von den Rapfen blitzschnell gefressen, wenn sie orientierungslos wieder ins Wasser eintauchen. Ganz schön fies. Meist dauert dieses Schauspiel maximal 15 Minuten und findet an vielen unterschiedlichen Stellen gleichzeitig statt. Häufig sind die dunklen Flossen der Rapfen dabei erkennbar und wir wissen, mit wem wir es zu tun haben. Kuriose Besonderheit: Während dieser eindrucksvollen Jagdaktivitäten ist es oft unmöglich, einen Rapfen zum Anbiss zu verleiten. Sie scheinen sich zu 100 Prozent auf ihre Beute und das beschriebene Verhalten eingeschossen zu haben, dass sie alles andere ignorieren. Das ist frustrierend, aber die Lösung ist simpel: abwarten!

Nach diesen Jagdszenen sind Rapfen wieder mit Wobbler, Blinker & Co. fangbar. Und jetzt wissen wir, wo sie sind. Angeln ist verrückt!

Extra-Tipp:

Rapfen leben überwiegend im Fließwasser und sind dort nicht schwer zu finden. Hinter Wehren, Brückenpfeilern oder an Einläufen stehen die Fische in den Verwirbelungen. Rapfen lieben Strömung und aufgeschäumtes Wasser! Oft schneiden ihre dunklen Flossen ganz unscheinbar durch die Wasseroberfläche, wenn sie sich in der harten Strömung halten. Gefunden heißt in diesem Fall (schon fast) gefangen. Schnell geführte Kunstköder werden hart genommen. Unbedingt die Rollenbremse vorab einstellen!

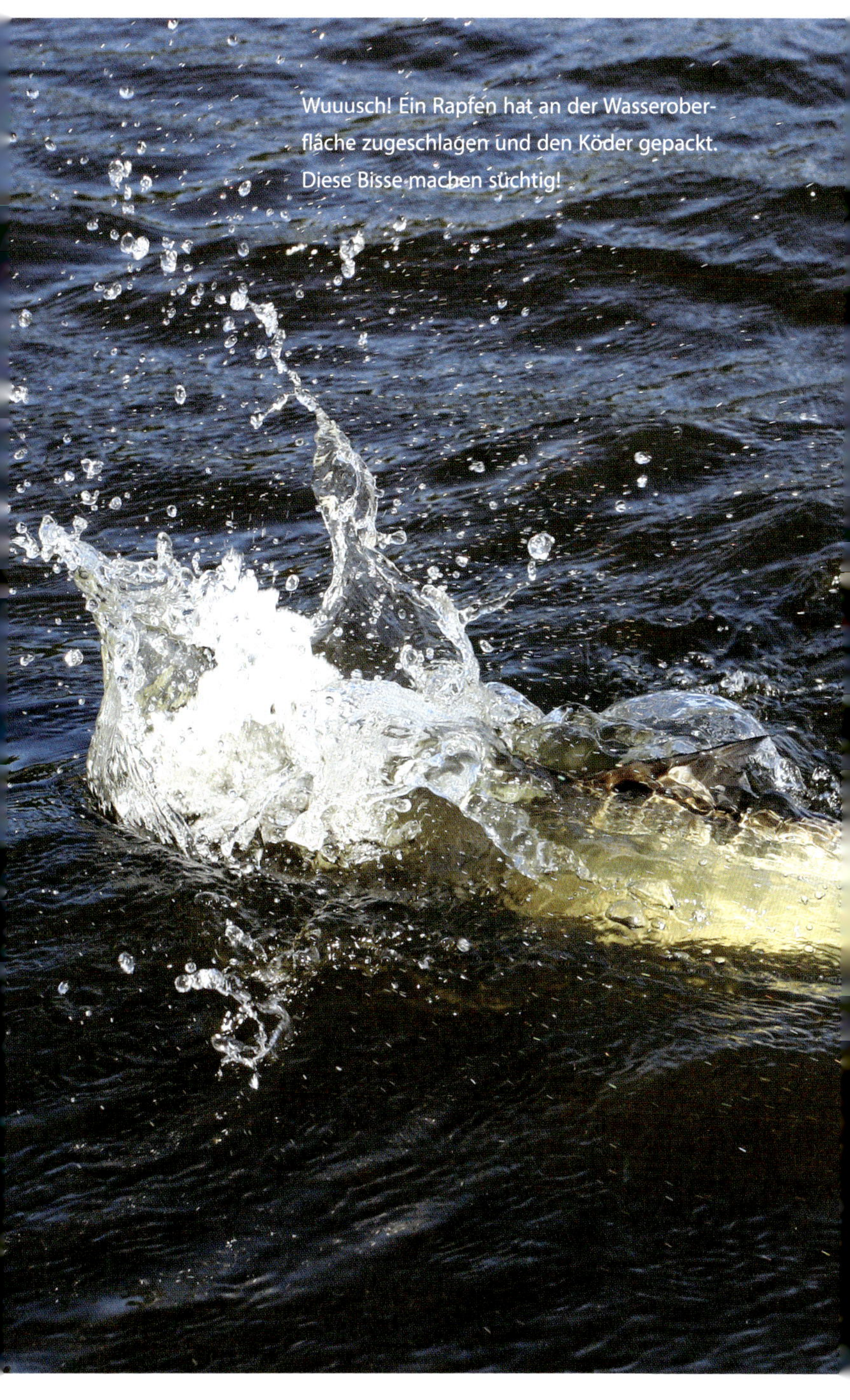

Wuuusch! Ein Rapfen hat an der Wasseroberfläche zugeschlagen und den Köder gepackt. Diese Bisse machen süchtig!

Wels/Waller *(Silurus glanis)*

Der Wels ist der Gigant unserer Gewässer. Die meiste Zeit des Tages ruht er inaktiv in seinem Unterstand und ist kaum auszumachen. Mit Vorliebe beziehen Welse eine dunkle Versteckmöglichkeit (überspültes Wurzelwerk, überhängende Bäume, tiefe Löcher etc.), die sie schnell als Standplatz verteidigen. Wer will es schon mit einem großmäuligen Wels aufnehmen?
Nur für seine (meist nächtlichen) Beutezüge verlässt der bullige Fisch sein Zuhause. Und auch wenn der Wels als grundnah fressender Fisch bekannt ist, jagt er seine Beute vielfach direkt an der Wasseroberfläche. Sein nach oben ausgerichtetes Maul ist kein Zufall! Das Fressverhalten eines Welses darf man als kompromisslos beschreiben: Erst schleicht er sich an seine Beute an. Dann erzeugt der Gigant mit weit aufgerissenem Maul einen Unterdruck und saugt so viele Liter Wasser gemeinsam mit dem Happen ein. Entkommen unmöglich!
Jetzt kommen wir Angler ins Spiel: Das oberflächennahe Einsaugen der Beute ist als lautes Plopp-Geräusch weit zu hören. Kein anderer Süßwasserfisch unserer Breitengrade ist zu so etwas in der Lage.

Aal *(Anguilla anguilla)*

Meistens sehen und hören wir nichts vom Aal. Ähnlich wie der Wels verstecken sich die Schlängler irgendwo am Gewässergrund. Nachts (aber häufig auch tagsüber) gehen Aale am Grund auf Nahrungssuche und verlassen sich dabei auf ihren ausgeprägten Geruchssinn. Wählerisch sind die schlangenartigen Fische dabei nicht und fressen alle Arten von Kleinlebewesen, Aas und Fischchen. All das geschieht im Verborgenen und wir bekommen als Angler nichts davon mit. Einzige Ausnahme: die Laichzeit der übrigen Flossenträger. Wenn die ihre Eier im Flachwasser oder Bewuchs ablegen, läuft dem Aal das Wasser im Munde zusammen. Massenhaft leicht zu beschaffende Nahrung!

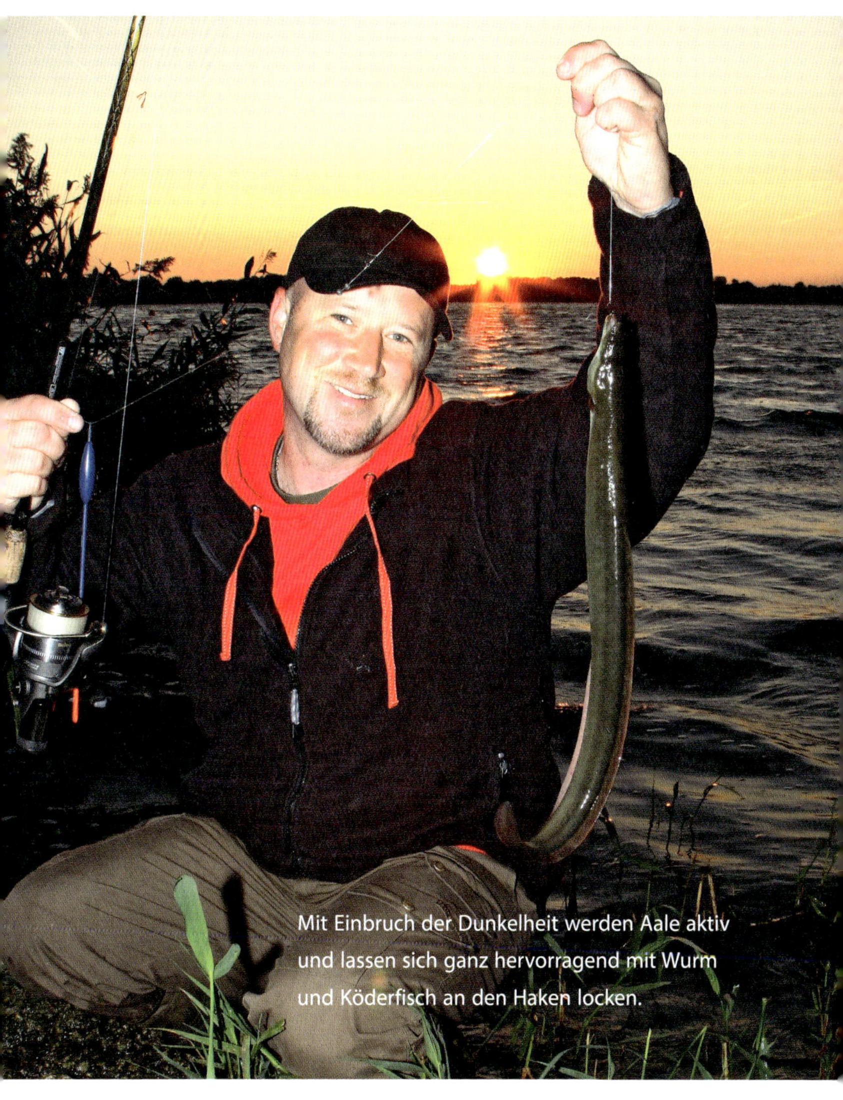

Mit Einbruch der Dunkelheit werden Aale aktiv und lassen sich ganz hervorragend mit Wurm und Köderfisch an den Haken locken.

Mit Eintritt der Dunkelheit frisst sich der Aal satt. Jetzt kommt's: Das Schmatzen, wenn die Fische dabei direkt an der Oberfläche fressen, ist in einer leisen Nacht ausgesprochen gut hörbar. Glauben Sie nicht? Bis Sie es das erste Mal mit eigenen Ohren hören!

Kaum ein anderes Phänomen muss so häufig als Ausrede für schlechte Fänge herhalten wie das Wetter. Zu kalt, zu windig, zu irgendwas. Ganz sicher würde sich so mancher Fisch den rund gefressenen Bauch vor Lachen halten, wenn er eine Etage höher den Anglern zuhören könnte: »Der Wind hat gedreht, heute beißt nichts!«, wird dort im Brustton der Überzeugung erzählt. Die Realität kann ganz anders aussehen und die Fische haben mit dem drehenden Wind das Areal verlassen, um an anderer Stelle Nahrung aufzunehmen. Wer da als Angler nicht mitgeht, verpasst das Beste: eine krumme Rute und satte Beute. Lassen Sie uns also darüber sprechen, welche Auswirkungen das Wetter auf die Fressgewohnheiten der Schuppenträger haben kann.

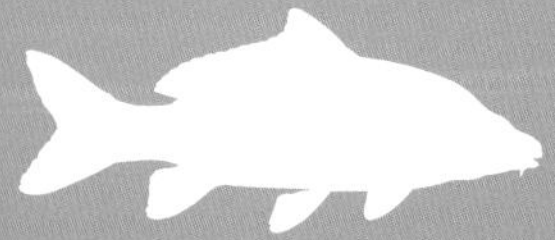

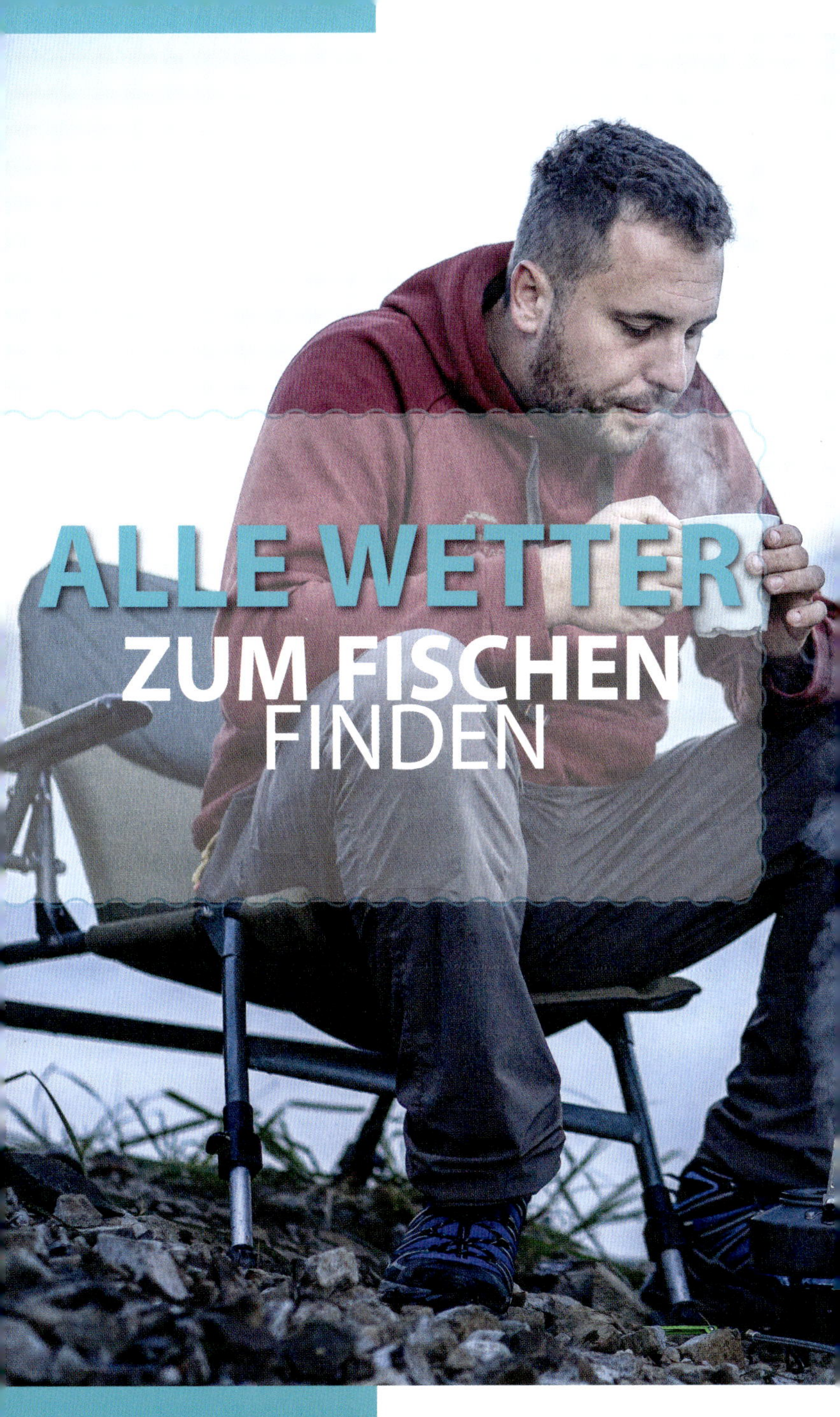

ALLE WETTER ZUM FISCHEN FINDEN

Sind Fische wetterfühlig?

Wenn doch bloß das Wetter nicht wäre. Die Sommerhitze, die beißende Kälte im Winter, der Starkwind im Herbst – all das kann schon mal einen Schneidertag ohne Fisch bescheren. Es sei denn, wir wissen uns auf diese äußeren Umstände einzustellen. »Bei Regen beißen die Fische!«, sagt der Volksmund. Ach, wenn es doch so einfach wäre. Keine Ahnung, warum sich diese Aussage so eisern hält, ein Angler wird sie vermutlich nicht in die Welt gesetzt haben. Es ist ja nicht ganz falsch, dass im Hochsommer ein kühlender Regen eine Fressphase bei den Fischen auslösen kann. Ganz richtig ist es aber auch nicht. Dagegen sprechen: viele Angeltage, an denen es wie aus Eimern gießt, im Fangbuch aber dennoch ein dicker Strich statt satter Fänge eingetragen werden muss.

So weit, so verwirrend. Lassen Sie uns step-by-step vorgehen und die unterschiedlichen Wetterauswirkungen genauer betrachten. Und auch wenn ich immer wieder darauf herumreite, ich schreibe es gerne noch einmal: Fische halten sich nicht an Regeln. Was Sie in diesem Kapitel lesen, sind Erfahrungswerte, die sich häufig wiederholen, aber selten allgemeingültig sind. Jeder Angler kennt das Gefühl, trotz bester Bedingungen keine einzige Schuppe zu sehen oder entgegen fester Überzeugung, aufgrund widriger Bedingungen nichts zu fangen, plötzlich eine ganze Fangserie hinzulegen. Verrückte Welt! Wer ausschließlich nach Wetterbericht zum Angeln fährt, verpasst womöglich noch das Beste …

Der Wind

Im ersten Kapitel haben wir den Wind bereits kurz angerissen und gesagt, dass wir zwischen kaltem und warmem Wind unterscheiden – und das zusätzlich in Relation zur jeweiligen Jahreszeit setzen müs-

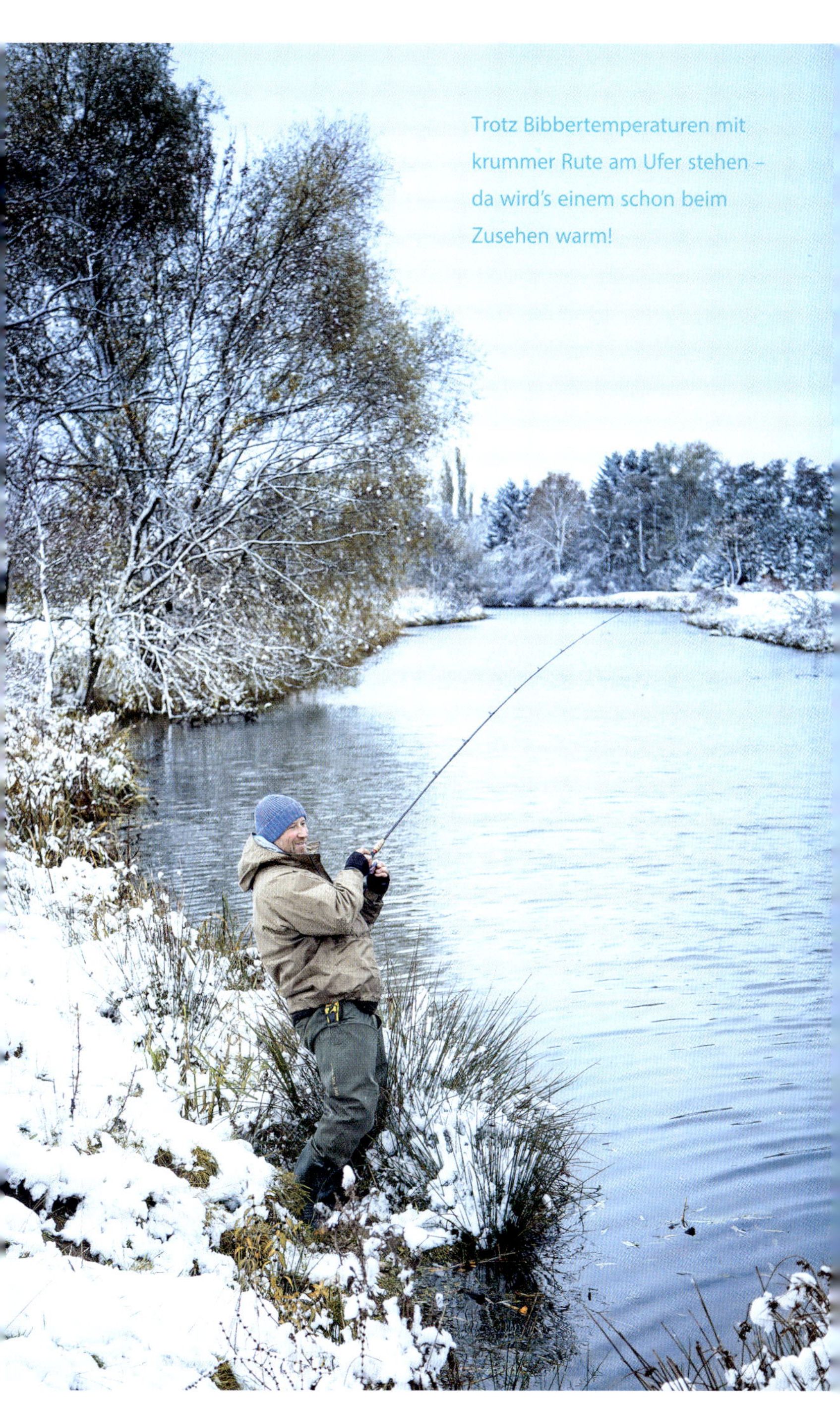

Trotz Bibbertemperaturen mit krummer Rute am Ufer stehen – da wird's einem schon beim Zusehen warm!

sen. Was hier fast wie eine mathematische Gleichung klingt, bedeutet vereinfacht: Denke und fühle wie ein Fisch. Bevor Sie mich nun für völlig verrückt halten, kläre ich auf, was gemeint ist. Kein Mensch käme bei Minusgraden auf die Idee, die Picknickdecke im ungeschützten, beißend kalten Wind aufzuschlagen. Da suchen wir uns doch lieber eine geschützte Ecke. Und so wie wir den unangenehm kalten Wind meiden, machen es auch unsere geschuppten Freunde. Im Sommer sieht die Welt ganz anders aus und wir sind für jeden kühlen Luftzug dankbar. Fische ebenfalls! Bevor Sie also Ihre Angel auswerfen, beachten Sie Windrichtung und -temperatur und entscheiden Sie sich dann für die »logische« Uferseite des Gewässers.

Viele Angler diskutieren über die Richtung des Windes, die ich für zweitrangig halte. Der Grund: Wenn die Petrijünger sagen, dass beispielsweise Ostwind schlecht für die Fänge sei, dann liegt es aus meiner Sicht daran, dass Ostwind häufig unangenehm kalt ist und vielfach mit Hochdruck einhergeht. Und ja, bei diesen Bedingungen zeigen die Fänge meistens in eine Richtung: nach unten. Mit der Windrichtung selbst hat das dann aber genau genommen nicht so viel zu tun.

Aber nicht nur die wärmenden und kühlenden Eigenschaften des Windes können für den Fangerfolg ausschlaggebend sein. Wind an sich scheint in der Wahrnehmung von Fischen einen gewissen Wohlfühlfaktor auszuüben. Viel seltener gelingen gute Fänge, wenn das Wasser spiegelglatt und schwer wie Blei vor uns liegt. Schon eine gekräuselte Oberfläche scheint die Fische zu stimulieren und ihnen einen Teil der gewöhnlichen Scheu zu nehmen. Sie fressen jetzt unvorsichtiger und sind somit leichter fangbar.

Beides lässt sich übrigens steigern: Wenn sich eine leichte Brise in Wind oder Sturm verwandelt, kann sich die Nahrungsaufnahme zu einer Fressorgie auswachsen. Jetzt scheint es kein Halten mehr zu ge-

Bei spiegelglatter Oberfläche mit dem Kajak auf dem Angelgewässer – ein bisschen mehr Wind würde ganz bestimmt die Fänge verbessern.

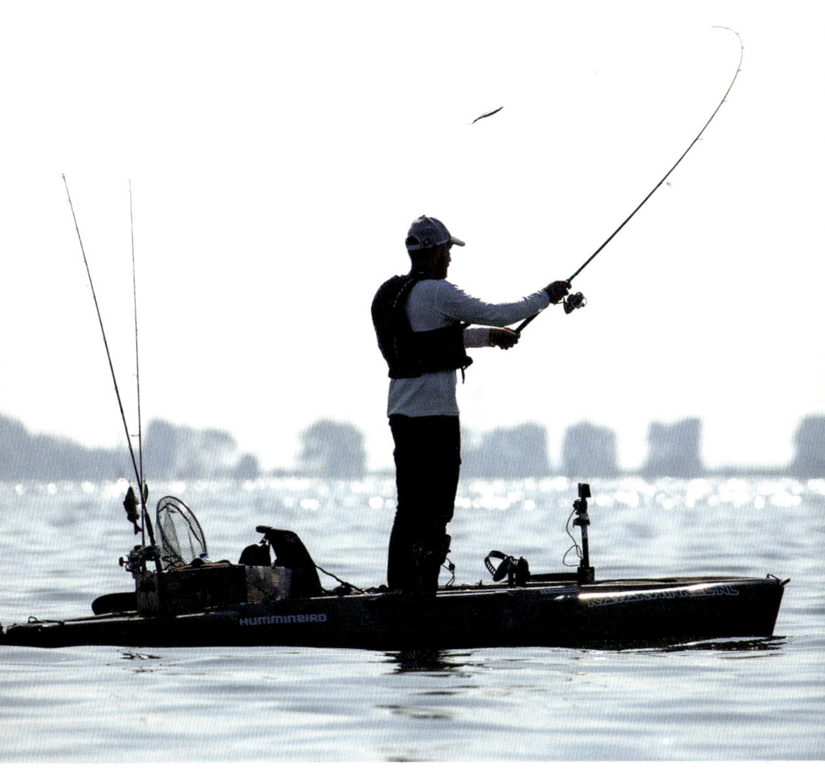

ben. Meine allerbesten Fänge habe ich gemacht, wenn es richtig ungemütlich wurde.

Die Kehrseite der Medaille: Das Angeln wird aus technischer Sicht nicht unbedingt einfacher, wenn uns eine Windstärke 6 um die Nasenspitze bläst. Ach, irgendwas ist ja immer …

Niederschlag

Regen ist so eine Sache. Gewitter erst recht. Nach einem satten Regenguss begeben sich die Fische oft auf Nahrungssuche und wir können echte Sternstunden erleben.

Während eines Gewitters ist dies aber selten der Fall. Vermutlich sind es auch hier die Temperatur, gepaart mit dem Sauerstoffeintrag durch prasselnden Regen (und dem aufkommenden Wind), was in Frühjahr und Sommer nach einem Gewitter zu besseren Fängen führt. Fische sind eben auch nur Menschen – wenn wir die Abkühlung mögen, kommt sie den Unterwasserbewohnern ebenfalls recht.

Denn: Je höher die Wassertemperatur, desto weniger Sauerstoff ist gelöst. Das führt im Extremen dazu, dass die Fische nur noch lethargisch durch ihr Element dümpeln. Bis der große Regen kommt!

Wenn Sie mich nach meiner liebsten Wetterlage fragen – und zwar ganz egal, ob auf Fried- oder Raubfisch –, würde ich mir leichten Regen bei mäßigem Wind und Temperaturen um 18 Grad wünschen. Dies scheint eine Kombination zu sein, die den allermeisten Fischen liegt. Ausnahmen? Rapfen und Graskarpfen! Die mögen lieber Eisdielen-Wetter mit brennender Sonne. Je heißer, desto besser. Warum ansonsten leichter Regen und Wind so erfolgreich sind? Ich habe keinen blassen Schimmer! Meine Eintragungen im Fangbuch, das ich im Laufe der letzten 30 Jahre geführt habe, beweisen aber die Aussage. Vielleicht, weil dieser Wetterlage das Übermäßige fehlt. Es ist nicht zu heiß, nicht zu kalt, nicht zu windstill, nicht zu irgendwas. Quasi die Zimmertemperatur für Fische.
Unter uns: Warum ist doch eigentlich auch egal. Oder?

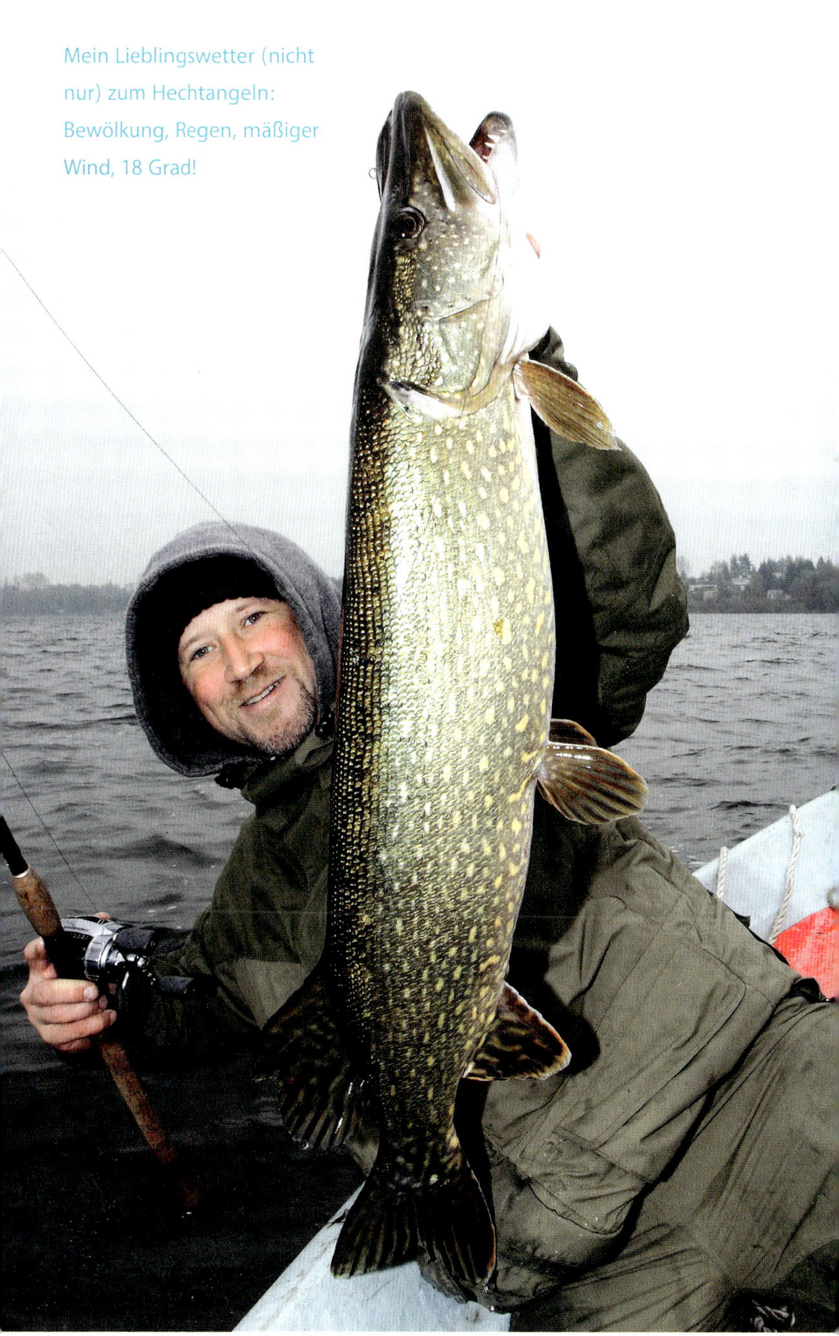

Mein Lieblingswetter (nicht nur) zum Hechtangeln: Bewölkung, Regen, mäßiger Wind, 18 Grad!

Sonne oder Wolken?

Eben schon erwähnt: Rapfen und Graskarpfen lieben die Wärme und fühlen sich auch bei strahlendem Sonnenschein und weit über 20 Grad Wassertemperatur pudelwohl. Und auch Forellen haben einen Faible für Sonne. Bei den meisten Fischarten gilt allerdings, die pralle Mittagssonne zu meiden. Zumindest in der warmen Jahreszeit. In Frühjahr und Winter dreht sich das Ganze um 180 Grad und die Fische werden mit ein paar wärmenden Sonnenstrahlen munter. Schon ein halbes Grad Temperaturanstieg kann zu einem knurrenden Magen führen und die Fische zu aktiver Nahrungssuche animieren. Da sich Flachwasser am schnellsten erwärmt, ist klar, wo unser Köder hin muss. Erstaunlich, dass selbst die größten Karpfen-Kolosse jetzt in knietiefem Wasser zu finden sind. Und nicht nur die – auch alle anderen Friedfische sowie Hecht und Barsch sind bei niedrigen Wassertemperaturen oft in den sich rasch erwärmenden Uferbereichen zu finden.

Grundsätzlich halte ich die Frage nach Sonnenschein oder bedecktem Himmel aber für zweitrangig. Wiederholt messbare Unterschiede konnte ich in Sachen Fangergebnis bisher nicht feststellen. Mal so, mal so. Allerdings: Beim Raubfischangeln auf Hecht und Zander sind manchmal die Tage ganz besonders gut, an denen es gar nicht richtig hell werden will, weil tief hängende Wolken die Sonne verdecken.

Was richtig gut ist: schattige Bereiche an sonnigen Tagen! Überhängende Büsche und Bäume, Seerosen- und Krautfelder sind nicht nur deshalb heiße Bereiche, weil sich dort eh schon die natürliche Nahrung der Fische befindet. Dass sie als Schattenspender dienen, macht diese Plätze doppelt gut. Fische, die sich hier dauerhaft aufhalten, sind zum Beispiel Karpfen, Schleie, Aland, Döbel, Plötze, Hecht, Barsch, Forelle, Wels und, und, und …

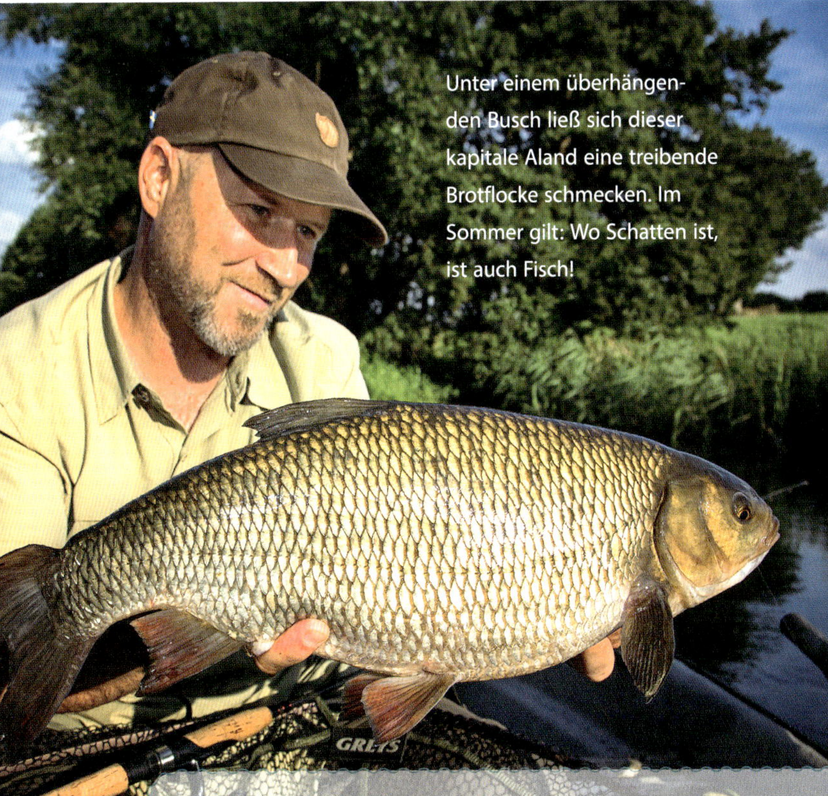

Unter einem überhängenden Busch ließ sich dieser kapitale Aland eine treibende Brotflocke schmecken. Im Sommer gilt: Wo Schatten ist, ist auch Fisch!

Extra-Tipp:

Wenn Sie den Räubern unserer Gewässer mit Kunstködern auf der Schliche sind, gibt es eine Faustregel für die Farbwahl der kleinen Verführer. Je klarer das Gewässer und je heller der Himmel, desto natürlicher sollte das Dekors Ihres Köders ausfallen. Bedeutet: Bei trüber Brühe und/oder wolkenverhangenem Himmel setzen wir auf Schockfarbe, bei Sonnenschein und/oder klarem Wasser sollte es etwas dezenter zugehen. An diesem Grundsatz ist tatsächlich etwas dran!

Der Luftdruck

Das mit dem Luftdruck klingt kompliziert – ist es auch. Wieso um alles in der Welt sollte der Luftdruck Auswirkungen auf das Fressverhalten von Fischen haben? Weil er (auch) Auswirkungen auf den gelösten Sauerstoffgehalt im Wasser hat. Zum Vergleich: Aus einer Flasche Sprudelgetränk entweicht keine Kohlensäure, wenn sie verschlossen ist und damit für gleichbleibenden Druck gesorgt ist. Sobald wir den Deckel aufschrauben, also für geringeren Druck sorgen, entweicht das Gas. Vergleichen wir dieses Phänomen mit unserem Gewässer und dem darin gelösten Sauerstoff, wird klar, wie sich Luftdruckunterschiede diesbezüglich auswirken können.

Nicht jeder Fisch reagiert gleich stark auf Luftdruckunterschiede. Zander scheinen aber ganz besonders sensibel zu sein und stellen schon mal die Nahrungsaufnahme komplett ein, wenn der Luftdruck schwankt oder steigt. Eigentlich schwer verständlich, denn während der Wasserdruck (gemessen in Bar) mit jedem Meter Wassertiefe um 0,1 Bar steigt und somit in zehn Metern schon 1 Bar, in 20 Metern sogar 2 Bar (das entspricht einem aufgepumpten Pkw-Reifen) beträgt, sind Luftdruckunterschiede eher gering. Der Luftdruck wird in Hektopascal gemessen und beträgt auf Meereshöhe etwa 1000 hPa. Schon das Fallen oder Sinken um 10 bis 20 hPa kann deutliche Auswirkungen auf das Beißverhalten von Fischen haben. Luftdruckunterschiede wirken sich also primär feinstofflich aus (Sauerstoffgehalt), was erst sekundär einen Effekt auf das Verhalten der Fische hat.

Am Rande erwähnt: Man hört immer wieder von Menschen, die besonders wetterfühlig sind und bei Schwankungen unter Kopfschmerzen leiden. Wissenschaftler haben herausgefunden, dass es bei rund zwei Drittel der Betroffenen aufgrund von Luftdruckschwankungen, die über sogenannte Barorezeptoren in der Halsschlagader wahrge-

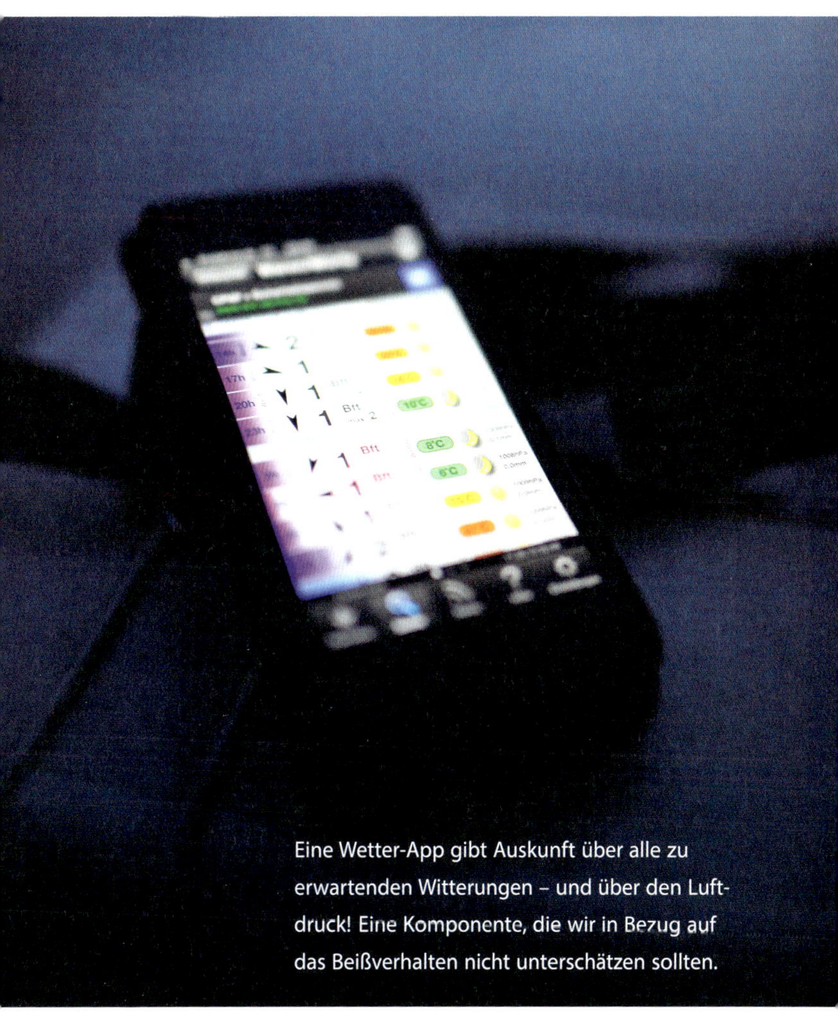

Eine Wetter-App gibt Auskunft über alle zu erwartenden Witterungen – und über den Luftdruck! Eine Komponente, die wir in Bezug auf das Beißverhalten nicht unterschätzen sollten.

nommen werden, zu den Beschwerden kommt. Aha! Kein Wunder, dass Fische ebenso auf Hoch- und Tiefdruck reagieren, ist doch der Druckausgleich eines ihrer wesentlichen biologischen Fähigkeiten als Unterwasserbewohner.

Ergo: Wenn Sie zeitlich flexibel sind, gehen Sie lieber bei stabilem Luftdruck ans Wasser!

Mondphasen

Über die Auswirkungen des Mondes wird schon seit Ewigkeiten unter Anglern diskutiert. Aber kann es wirklich sein, dass sich der Stand des Mondes auf den Appetit der Fische auswirkt? Es kann! Wissenschaftlich belegen lässt sich das vermutlich nicht, aber es scheint, als würden Fische ihre Aktivitäten nach bestimmten Mondphasen ausrichten. In Gewässern, die den Gezeiten unterliegen, ließe sich das noch schlüssig erklären, schließlich ist der Mond für die Stärke der Tide und damit die Strömungsstärke verantwortlich. In Voll- und Neumondphasen ist mehr »Zug« auf dem Fluss, die Fische sind beißfreudiger. Nur: Selbst in stehenden Gewässern wirken sich die besagten Phasen um die eben erwähnten Mondphasen aus. Ehrlicherweise hielt ich das viele Jahre für Humbug und Kaffeesatzleserei, inzwischen plane aber auch ich größere Angeltrips nach Mondphasen.

Im Laufe der Jahre war es kaum noch zu leugnen: Fast immer, wenn ich auf besonders erfolgreiche Angeltage zurückblicke, lagen diese in den besagten Mondphasen. Halten Sie mich für verrückt, heute glaube ich ganz fest an die Magie des Mondes. Und wenn der Glaube schon Berge versetzen kann, dann hilft er auch beim Angeln!

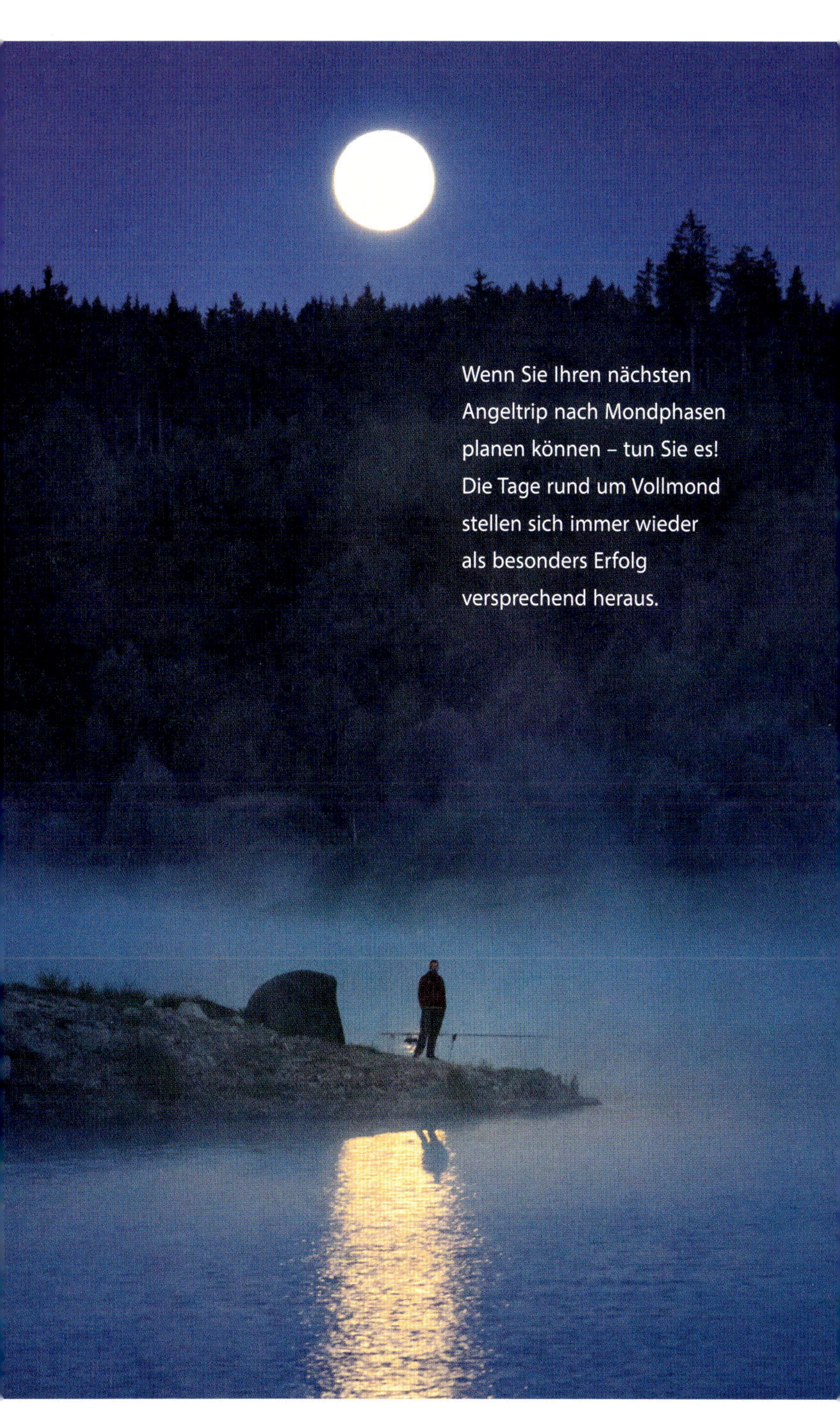

Wenn Sie Ihren nächsten Angeltrip nach Mondphasen planen können – tun Sie es! Die Tage rund um Vollmond stellen sich immer wieder als besonders Erfolg versprechend heraus.

Die Wassertemperatur

Das Beste kommt zum Schluss. In diesem Fall das Wichtigste: die Wassertemperatur! Dass Fische wechselwarme Tiere sind, haben wir schon an anderer Stelle gesagt. Was bedeutet das? Im Gegensatz zu Menschen weisen Fische keine konstante Körpertemperatur auf. In der Regel entspricht diese nahezu der Umgebungs-, also der Wassertemperatur. Das beeinflusst nicht nur die allgemeine Aktivität, sondern auch die aller körpereigenen Prozesse inklusive denen des Verdauungstraktes. Ganz einfache Regel: je kälter das Wasser, desto inaktiver die Fische, desto langsamer die Verdauung, desto geringer der Appetit. Was bei höheren Temperaturen in wenigen Stunden verdaut ist, kann im Winter Tage dauern. Entsprechend später knurrt in der kalten Jahreszeit der Magen. Man kann bei Fischen nicht von Winterschlaf sprechen, wie wir es von anderen Tieren kennen, die ihren Stoffwechsel so weit herunterfahren, dass sie über Monate nahezu bewegungslos verharren. Trotzdem kann das Fangen vieler Fischarten in den kalten Monaten zu einem ambitionierten Ziel werden. Karpfen, Schleie, Rapfen, Wels, Aal und viele Friedfischarten sind da besonders heikel. Hecht, Zander, Barsch und Forelle hingegen lassen sich auch bei niedrigen Temperaturen noch an den Haken locken.

Aber auch bei immer weiter steigenden Temperaturen kann es schwierig werden. Ja, man darf von einem Sommerloch sprechen. Das hat dann allerdings weniger mit dem allgemeinen Stoffwechsel, als mit Chemie zu tun. Das Problem: Fische benötigen eine Mindestkonzentration von gelöstem Sauerstoff im Wasser. Mit steigenden Wassertemperaturen nimmt diese Konzentration immer weiter ab und kann im Sommer bald kritisch werden.
Zum Vergleich: Bei 0 Grad sind in einem Liter Wasser etwa 15 mg Sauerstoff gelöst. Bei 20 Grad sind es noch rund 9 mg. Bei weniger als 4 mg gelöstem Sauerstoff pro Liter wird es für Fische unangenehm.

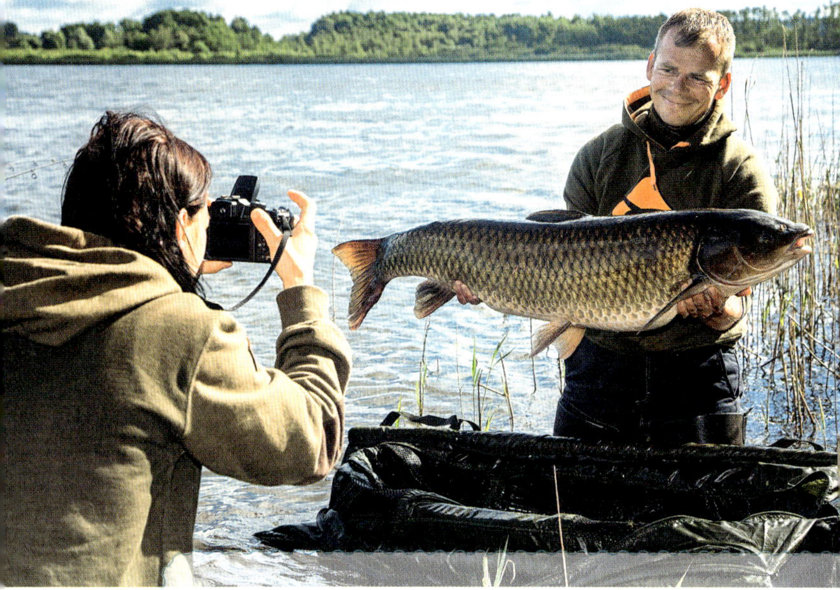
Der Weiße Amur adelt jedes Foto.

Gut zu wissen:

Während die meisten heimischen Fischarten im Hochsommer aufgrund der steigenden Wassertemperatur Probleme mit Sauerstoffmangel bekommen und nur noch schlecht an den Haken gehen, gelten Graskarpfen (auch Weißer Amur genannt) als ausgesprochen wärmeliebend.

Dieser Wert ist bei etwa 25 Grad Wassertemperatur erreicht, bei 30 Grad sterben (heimische) Fische aufgrund von Sauerstoffmangel.

Was das alles mit unserer Angelei zu tun hat, liegt auf der Hand: Irgendwann haben die Fische im Sommer mehr mit dem Überleben zu kämpfen als mit dem Hunger.

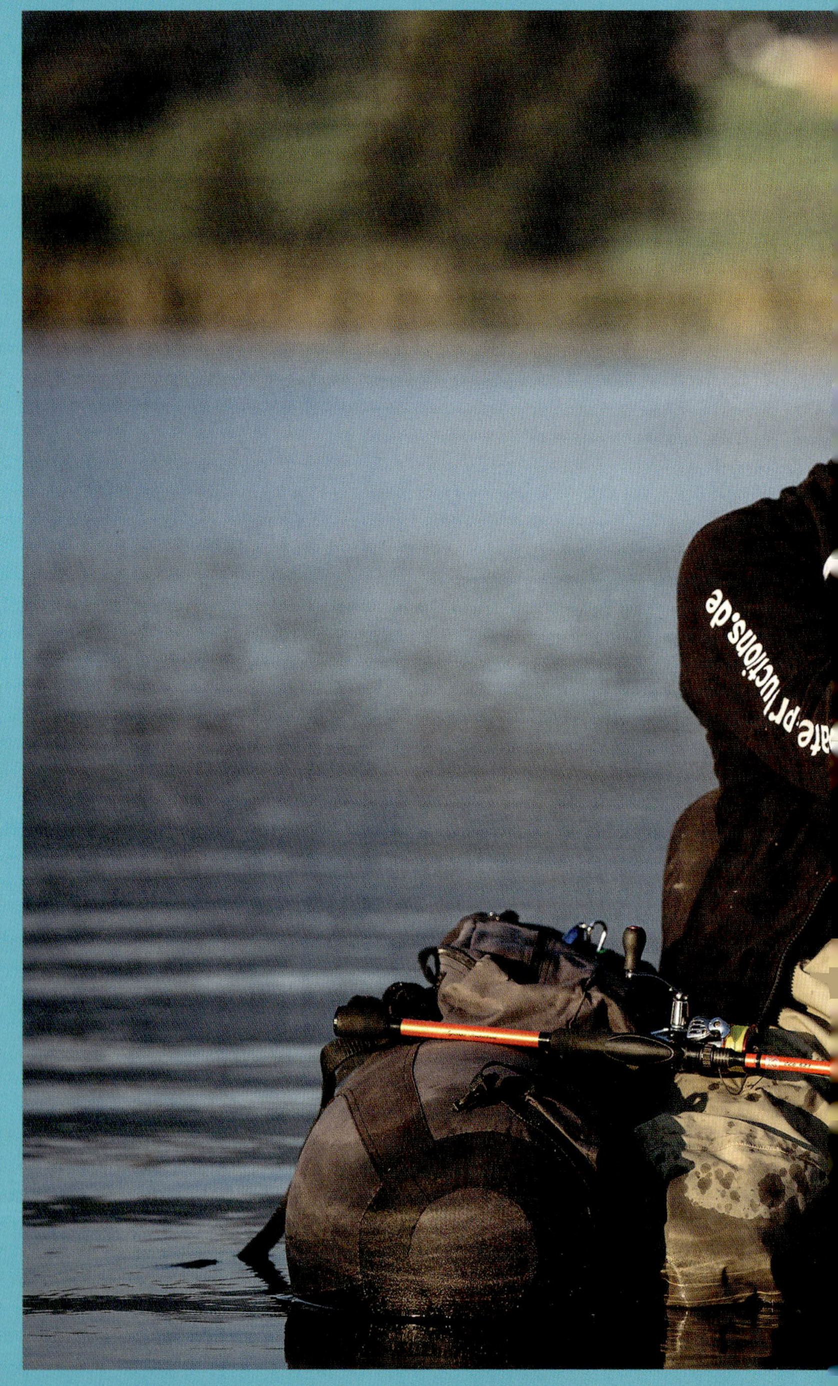

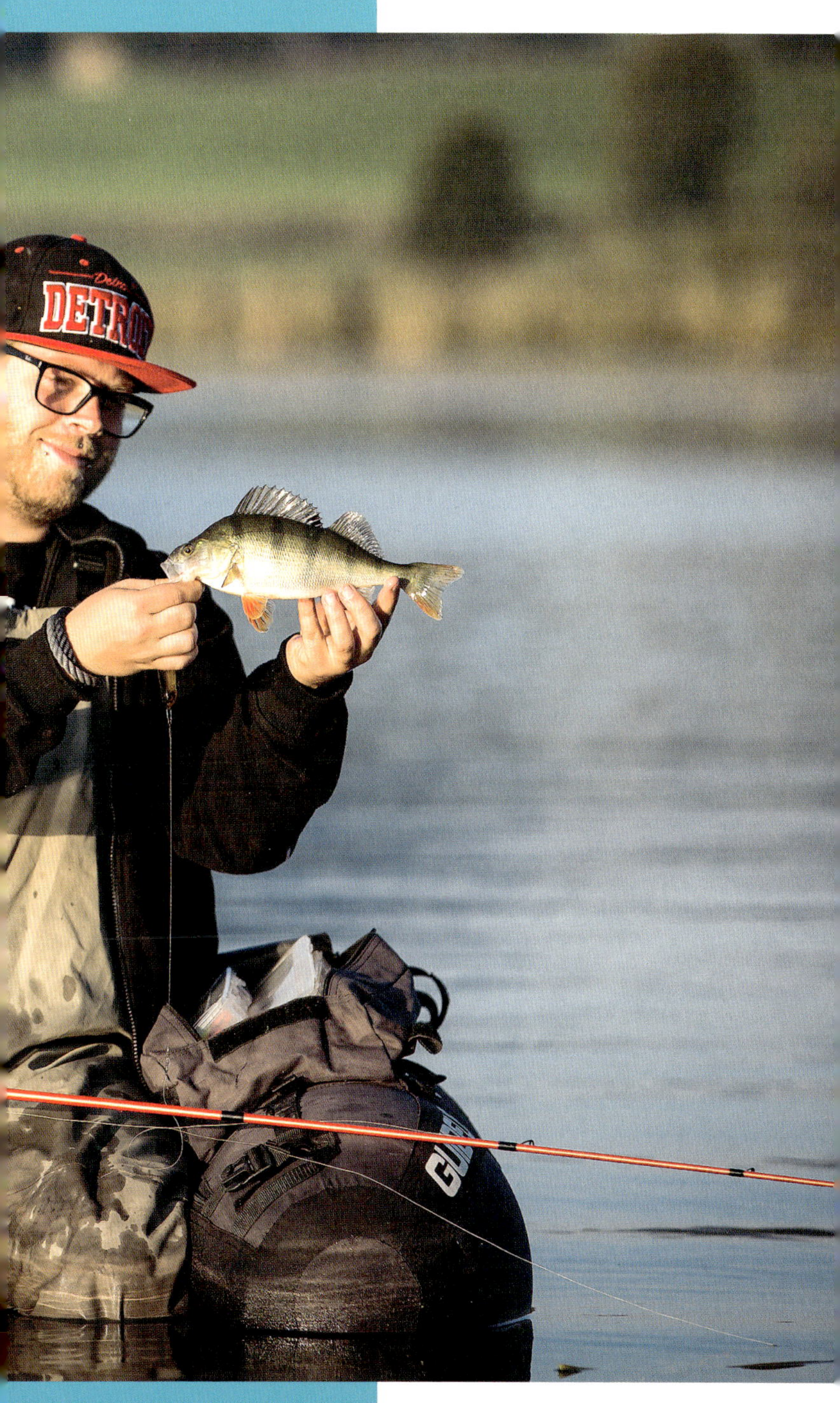

Und wenn wir eben über die Extreme in Winter und Sommer gesprochen haben, machen wir uns nun an die Angelpraxis. Wir wissen jetzt: Im Winter müssen wir eine größere Dosis Geduld mit ans Wasser bringen, weil die Fische allgemein weniger fressen.

Wenn sie fressen, lassen sie sich aber eindeutig vom Thermometer leiten. Daraus können wir Rückschlüsse ziehen, wo sie ihre Nahrung aufnehmen. Und hier schließt sich der Kreis zu den ersten Punkten dieses Kapitels und vielem bereits Gesagten: Da Wind und Sonneneinstrahlung Einfluss auf die Wassertemperatur haben – und sei es noch so gering –, weisen sie uns den Weg zu unserem Angelplatz. Ich kenne viele Angler, die tatsächlich mit einem Thermometer zum Angeln gehen. Da bekommt die Aussage »nach eigenem Ermessen« doch gleich eine echte Bedeutung. Temperaturunterschiede von ein bis zwei Grad sind (je nach Uferseite) möglich und häufig das Zünglein an der Waage.

Wenn es richtig kalt wird, also bitterkalt, dann ziehen sich die meisten Fische in die tiefen Bereiche zurück, wo das Wasser selbst bei Oberflächeneis noch 4 Grad hat. Das liegt an der Dichteanomalie des Wassers, wonach dieses bei eben genannter Temperatur seine maximale Dichte aufweist und somit am Grund das wärmste Wasser zu finden ist, während spezifisch leichteres (kälteres) Wasser aufsteigt. Und Sie haben recht: Angeln ist natürlich keine Wissenschaft. Es ist aber hilfreich und am Ende fangfördernd, von solchen Dingen schon mal gehört zu haben.

Ganz heißer Tipp: Wo Bäche, Flüsschen und andere Einläufe ins Gewässer führen, lohnt sich immer ein Versuch! Meistens hat dieses Wasser eine andere Temperatur und sorgt im Sommer für vermehrten Sauerstoffeintrag.

Das mit dem Sauerstoff ist im Übrigen für Flussangler ein wichtiger Baustein. Was glauben Sie, warum sich die Fische insbesondere im Sommer bevorzugt direkt im Hauptstrom aufhalten? Richtig, hier ist mehr Sauer-

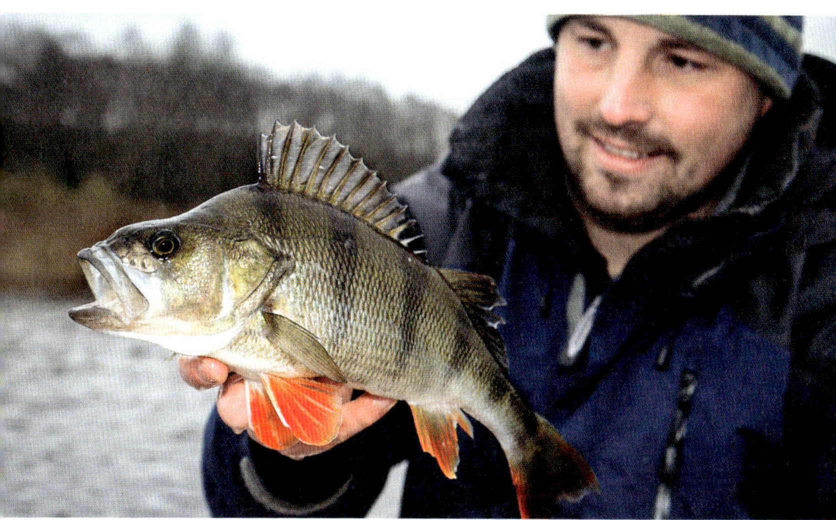

stoff als in den strömungsberuhigten Bereichen, die sich durch Sonneneinstrahlung immer weiter aufheizen.

Ich gestehe: Die vergangenen Seiten sind schwere Kost. Manches muss man zweimal lesen. Und trotz allem gibt es niemals eine Garantie, dass wir nach Schema F die Fische finden und fangen – so ist Angeln! Ich kenne niemanden, der immer fängt. (Aber einige, die das behaupten. Anglerlatein!) Fischlose Tage gehören zum Angeln dazu wie torlose Fußballspiele. Wichtig ist, dass wir aus Misserfolgen lernen und unser Tun im Nachgang hinterfragen. Schlechte Angler machen immer die gleichen Fehler. Gute Angler immer wieder neue. So entsteht Wissen!

Die großen Fragen des Angelns: Was hätte ich besser machen können? Welcher Spot hätte warum mehr Fisch produzieren können? Und: Habe ich mich zu lange an einer Stelle aufgehalten, statt andere zu erkunden? Wenn wir stets im inneren Dialog mit uns bleiben und alle genannten Faktoren bei der Platzwahl einbeziehen, werden wir regelmäßig erfolgreich sein. Wir können doch nicht allen Ernstes immer dem Wetter die Schuld an ergebnislosen Angeltagen geben …

Es gibt nur wenige Dinge, die beim Angeln so wichtig sind wie das Ausloten. Trotzdem wird diese vorbereitende Maßnahme, die am Anfang eines jeden Angeltags stehen sollte, von vielen Anglern vernachlässigt. Dabei ist es doch so: Wer im Trüben fischt, muss nicht zwangsläufig Schneider bleiben. Wer aber überhaupt nicht einschätzen kann, wie tief das Wasser vor ihm ist, und keinen Schimmer hat, in welcher Wasserschicht er seinen Köder anbietet, kommt dauerhaft über Zufallsfänge nicht hinaus. Und es geht weiter: Auch die Beschaffenheit des Gewässergrunds lässt sich beim Loten ganz hervorragend »lesen«. Steine oder Schlamm? Kraut oder Sand? Das lässt sich mit ein bisschen Zeiteinsatz beantworten. Anglergrundsatz Nummer eins: Vor dem Angeln wird gelotet. Immer!

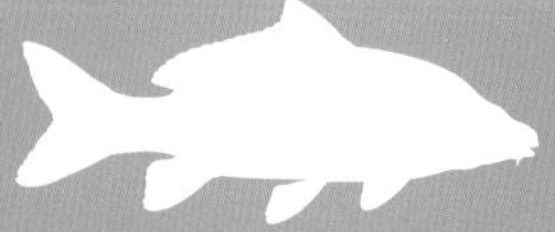

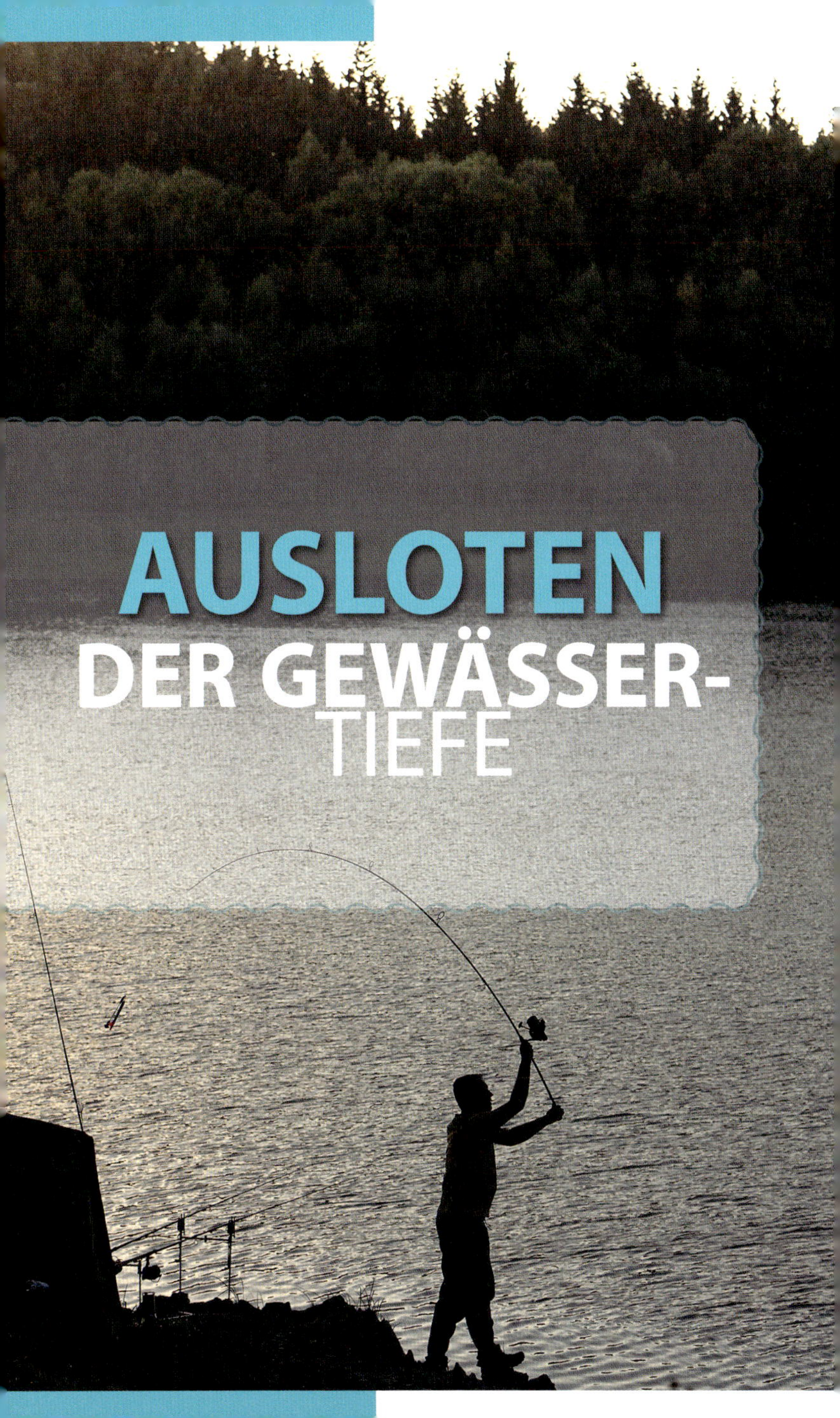

AUSLOTEN DER GEWÄSSER-TIEFE

Vom Loten und Tasten

Dass wir uns an Unterwasserstrukturen orientieren dürfen, sollen, müssen, wissen wir schon längst. Die Kanten, Löcher und Berge sind wichtige Orientierungspunkte für die Fische. Hier ziehen sie auf ihren Wanderungen entlang, finden Nahrung und Schutz. Würden Sie leugnen, dass das Erkennen dieser Strukturen fangentscheidend ist? Ich auch nicht. Da uns der Blick auf den Gewässergrund meistens verwehrt bleibt, müssen wir uns mit dem inneren Auge einen Überblick verschaffen.

Um das vorwegzunehmen: Das modernste, komfortabelste und genaueste Werkzeug ist hierfür natürlich ein batteriebetriebenes Echolot. Diese Geräte sind längst erschwinglich geworden und schon lange kein Luxusprojekt gut betuchter Profis mehr. Um die geht es allerdings erst im nächsten Kapitel. Und überhaupt: Echolote helfen dem Bootsangler, sind für die Angelei vom Ufer aber nicht einsetzbar und an manchen Gewässern gar verboten.

Um auch ohne Hightech ans Ziel zu kommen, benötigen wir nicht mehr als unsere Rute und ein Lotblei. Klingt einfach, ist es auch!

Posenangeln

»Eine Handbreit überm Grund« – das ist die Antwort, die jeder Angler schon x-mal gehört hat, wenn es darum geht, wie tief der Köder angeboten werden soll. Das ist zwar keine allgemein gültige Regel, macht aber klar, worum es geht: um Genauigkeit! Ganz von vorne: Wer mit der Posenmontage fischt, weiß, dass der Schwimmer so mit Blei austariert werden muss, dass nur noch die Antenne aus dem Wasser herausragt. Der Fisch soll beim Biss möglichst wenig Widerstand spüren. Würden noch Teile des Auftriebskörpers oberhalb der Wasserlinie bleiben, müsste der Fisch dies mühsam unter Wasser ziehen. Macht er meistens aber nicht, sondern lässt den Köder wieder los, weil ihm das

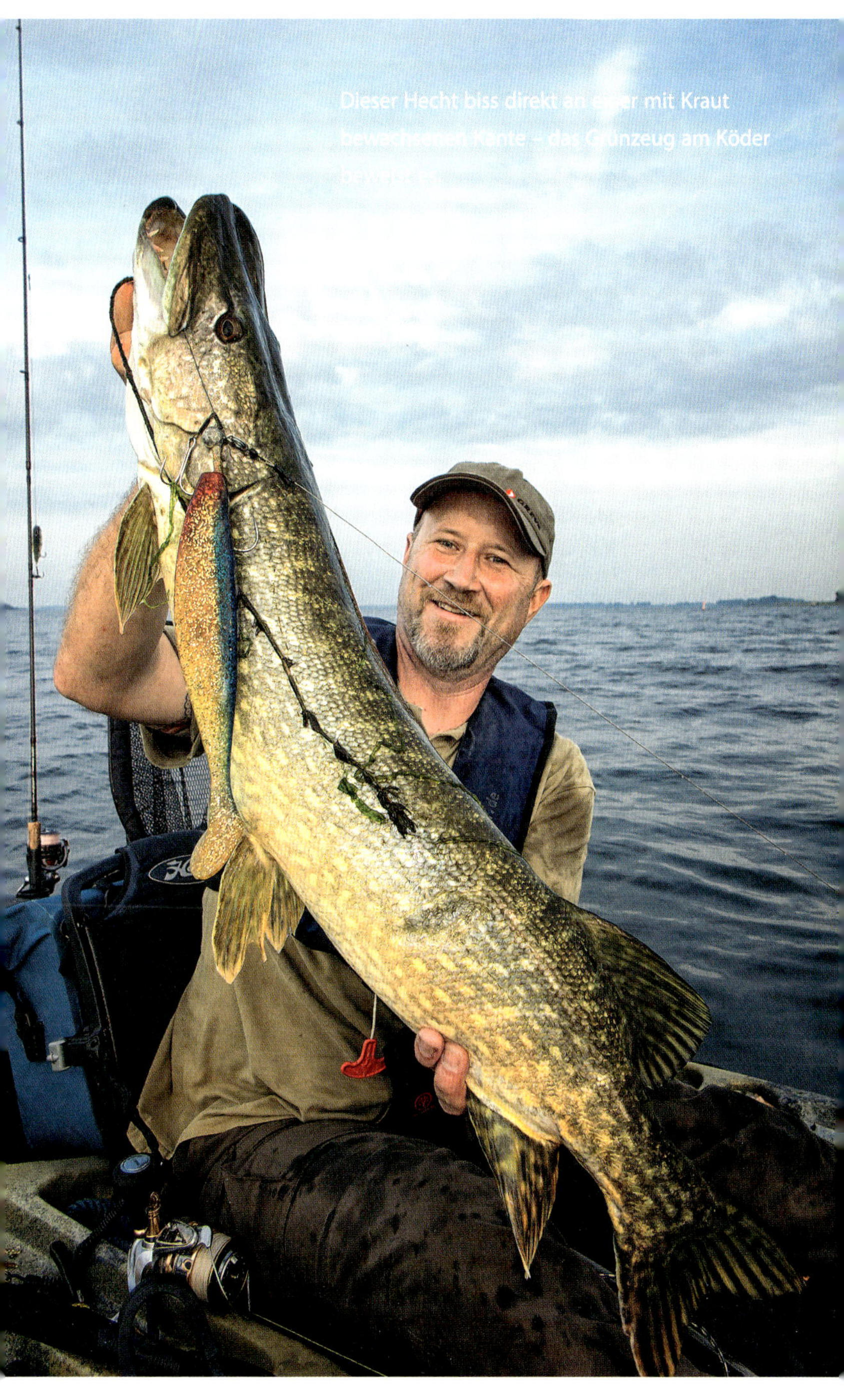

Dieser Hecht biss direkt an einer mit Kraut bewachsenen Kante – das Grünzeug am Köder beweist es.

Ganze nicht koscher vorkommt. Alles kein Geheimnis bis hierher. Um die exakte Tiefe festzustellen, müssen wir die Pose überbleien, also mehr Gewicht anbringen als nötig. Dafür gibt es spezielle Lotbleie zu kaufen, die wir an den (unbeköderten) Angelhaken klemmen. Sie können auch ein zusätzliches großes Bleischrot aus dem Angelkasten auf den Haken klemmen – schont den Geldbeutel.

Wichtig ist, dass die Pose durch das Mehr an Gewicht unter Wasser gezogen wird. Jetzt auf den späteren Angelspot auswerfen. Geht die Pose unter, beobachten wir, wie lange die Schnur abläuft, um so die Gewässertiefe abzuschätzen. Einholen und die Pose auf die vermutete Angeltiefe einstellen (sprich: den Abstand zwischen Pose und Angelhaken vergrößern), dann wieder auswerfen. Geht die Pose weiterhin unter, nochmals die Angeltiefe erhöhen. Richtet sich die Pose nicht mehr auf, weil Lotblei und Tarierungsbleie bereits auf dem Grund aufliegen, haben wir die zuvor geschätzte Tiefe als zu groß bemessen und müssen sie entsprechend verringern. Bedeutet: den Abstand zwischen Haken und Pose verkleinern. Auf diese Weise tasten wir uns nach und nach an die perfekte Einstellung heran. Die exakte – und damit ist zentimetergenau gemeint – Tiefe haben wir herausgefunden, wenn trotz des Lotbleis am Haken die Pose aufrecht steht und lediglich die Posenantenne aus dem Wasser ragt. Jetzt liegt das Lotblei auf dem Gewässerboden, während die Tarierungsbleie (die auf der Schnur) im Wasser schweben und damit der Pose ihren Stand verleihen. Und hier schließt sich der Kreis: Wer eine Handbreit über dem Grund fischen möchte, verschiebt die Pose nun um diese wenigen Zentimeter Richtung Haken und entfernt das Lotblei. Beködern, auswerfen und schon lässt der Auftrieb der Pose den Köder eine Handbreit über dem Grund schweben.

Ich gestehe: Es liest sich komplizierter, als es ist. Ich habe es allerdings so erklärt, dass man diesen Teil getrost ein zweites Mal lesen darf – und das Erzählte am besten gleich ausprobiert.

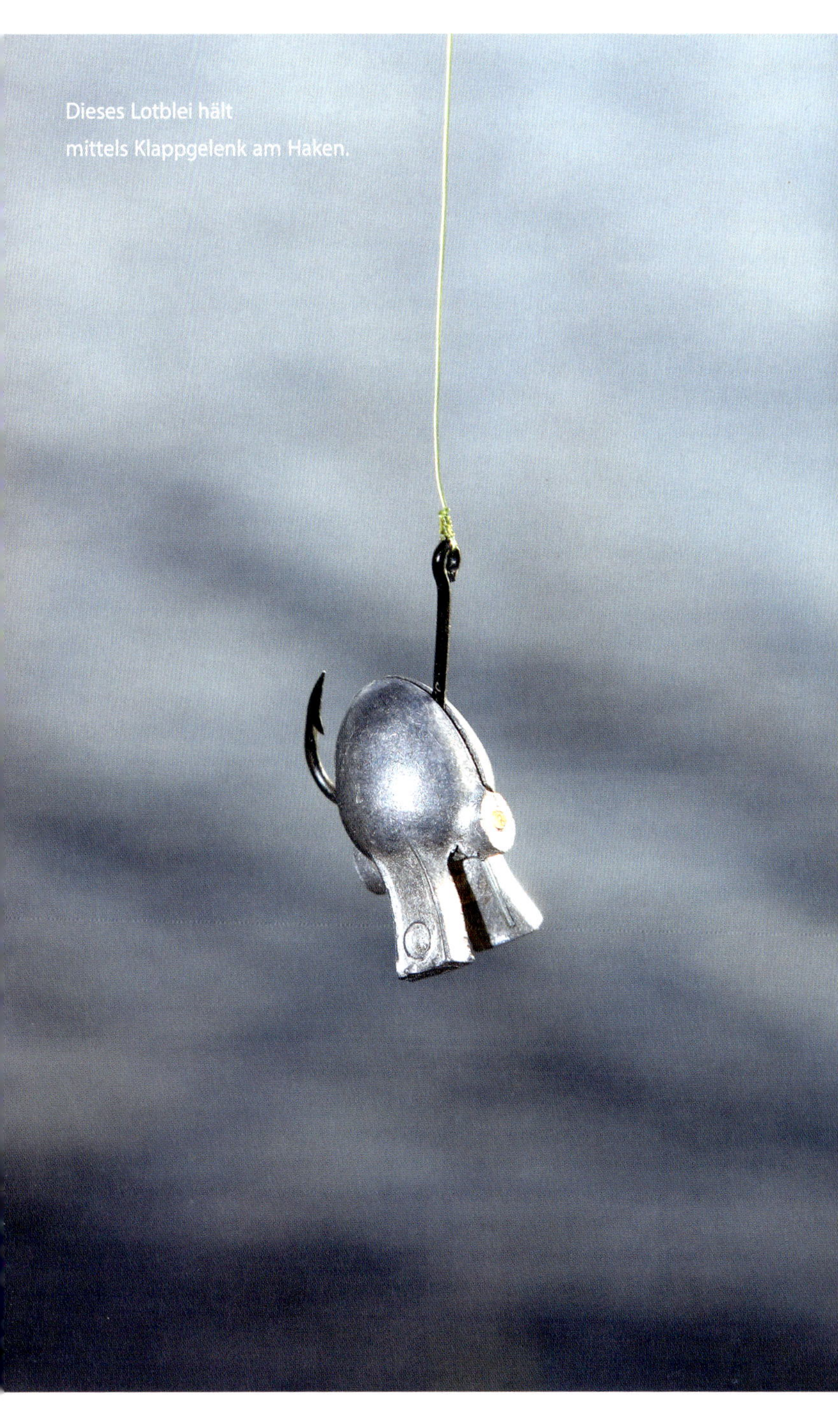
Dieses Lotblei hält
mittels Klappgelenk am Haken.

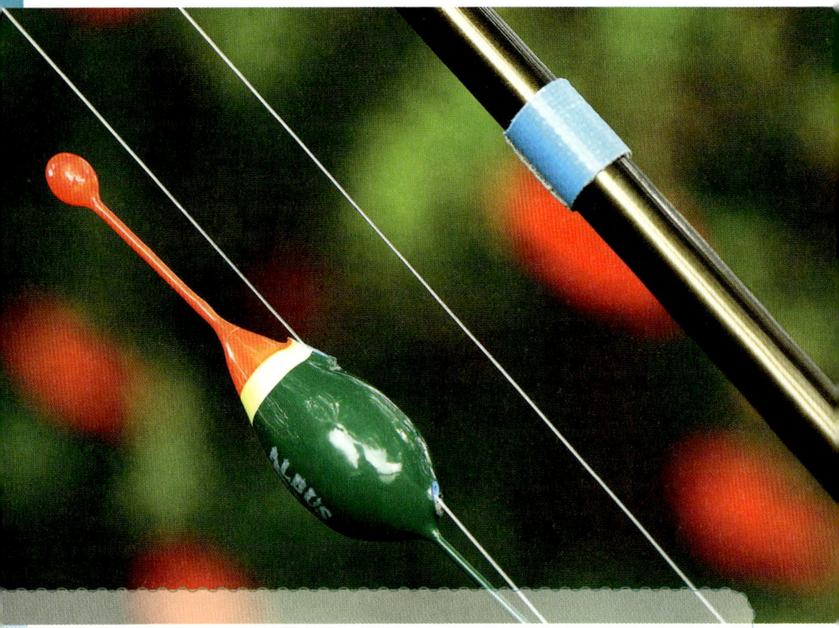

Alles im Lot?

Falls doch einmal beim Angeln die Schnur reißt oder sich die eingestellte Angeltiefe ungewollt verstellt, kleben wir einen dünnen Streifen Klebeband auf den Rutenblank. So wird es zur Kleinigkeit, die mühsam herausgefundene Tiefe erneut einzustellen. Also: Haken genau am Griffstück der Rute einstechen, Schnur straffen und das Klebeband auf Höhe der Pose um den Rutenblank kleben. Müssen wir die Montage neu knoten, können wir die benötigte Tiefe mit einem Fingerschnippen neu einstellen.

So weit die Pflicht, jetzt kommt die Kür. Haben wir die Tiefe auf diese Weise herausgefunden, müssen wir uns die richtigen Fragen stellen. Ist es überall gleich tief? Wo sind Löcher, wo Erhebungen am Gewässergrund? Gibt es gar eine Kante, wo der Boden steiler abfällt als anderswo? Die Antworten loten wir auf gleiche Weise aus. Das Lotblei

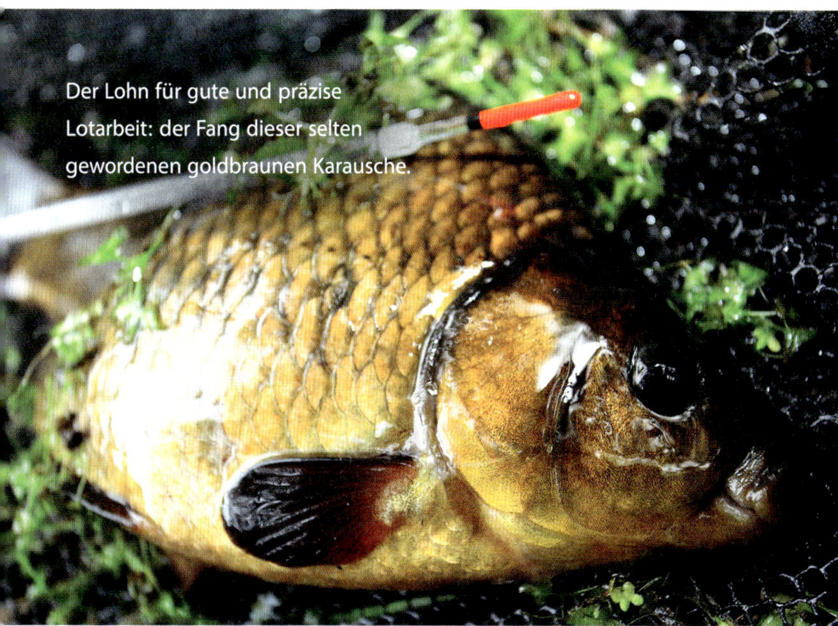

Der Lohn für gute und präzise Lotarbeit: der Fang dieser selten gewordenen goldbraunen Karausche.

bleibt also erst mal auf dem Haken, nachdem wir die Tiefe vor uns festgestellt haben. Jetzt folgen die Würfe nach links und rechts, weiter hinaus und dichter heran. Das Prinzip bleibt das gleiche: Wo die Pose unter Wasser gezogen wird, ist es tiefer, wo sie sich nicht mehr (oder nicht mehr richtig) aufrichtet, flacher. Nach und nach erhalten wir auf diese Weise einen Überblick, wie sich die Bodenstruktur darstellt, und können unseren Köder zielgerichtet am Fuß der Kante, auf der kleinen Erhebung oder in dem ausgespülten Loch präsentieren. Dort, wo jeder Fisch nach Nahrung sucht.

Stimmt, das ist erst mal zeitaufwendig. Aber es dauert um ein Vielfaches länger, einen Biss am falschen Platz zu bekommen. Und: Je häufiger wir das gleiche Gewässer befischen, desto mehr erhalten wir von dem, was einen erfolgreichen Angler ausmacht: Gewässerkenntnis! Angeln ist reine Glückssache? Das können nur die behaupten, die nichts von Gewässerkenntnis verstehen.

Das Ausloten großer Areale

Bleiben wir beim Loten mit der Pose. Was Sie eben gelesen haben, beschreibt das Vorgehen auf kleinem Raum und mit der bereits einsatzfähigen Posenmontage. Wollen wir uns einen Überblick größerer Areale verschaffen, kommen wir so nicht weiter – der Aktionsradius ist zu gering. Um ganze Gewässer »zu verstehen«, müssen wir ordentlich Strecke machen und grobes Geschütz auffahren. Es bleibt bei Pose, Blei und Klebeband, allerdings größer, schwerer und anders montiert. Dazu fädeln wir ein 50, 60 und mehr Gramm (je nach gewünschter Wurfentfernung) schweres Grundblei mit eingegossenem Wirbel auf die Hauptschnur, gefolgt von einer Stopperperle aus Gummi – als Knotenschutz –, und binden dann eine große, gut sichtbare Pose an – fertig ist die Lotmontage. Nur der Vollständigkeit halber: Achten Sie bitte darauf, dass Rute und Schnur dieses Wurfgewicht vertragen. Ansonsten: »Krraaacks!«, drohen Ruten- oder Schnurbruch.

Das Funktionsprinzip, das dieser Lotmontage zugrunde liegt, ist ein anderes als oben. So funktioniert's: Einen Abstand von 50 Zentimetern zwischen Rolle und erstem Rutenring abmessen und auf dem Blank mit dem Klebeband markieren. Montage auswerfen, an gespannter (!) Schnur absinken lassen, bis sie den Grund erreicht hat. Jetzt liegen Blei UND Pose auf dem Grund. Wir öffnen den Bügel unserer Rolle und geben kontrolliert Schnur ab, indem wir sie an der Rolle greifen und bis zur angebrachten Markierung mitgehen. Nun wieder neu an der Rolle greifen und wieder bis zur Markierung mitgehen. Mit jedem Mal treibt die Pose um den zuvor gemessenen halben Meter auf, während das Grundblei am Boden liegen bleibt. Das Ganze wiederholen wir so häufig, bis die Pose an der Wasseroberfläche zu erkennen ist. Haben wir beispielsweise sechs Mal von Rolle bis Markierung Schnur freigegeben, wissen wir, dass hier das Wasser drei Meter tief ist (6 x 50 cm = 3,00 Meter).

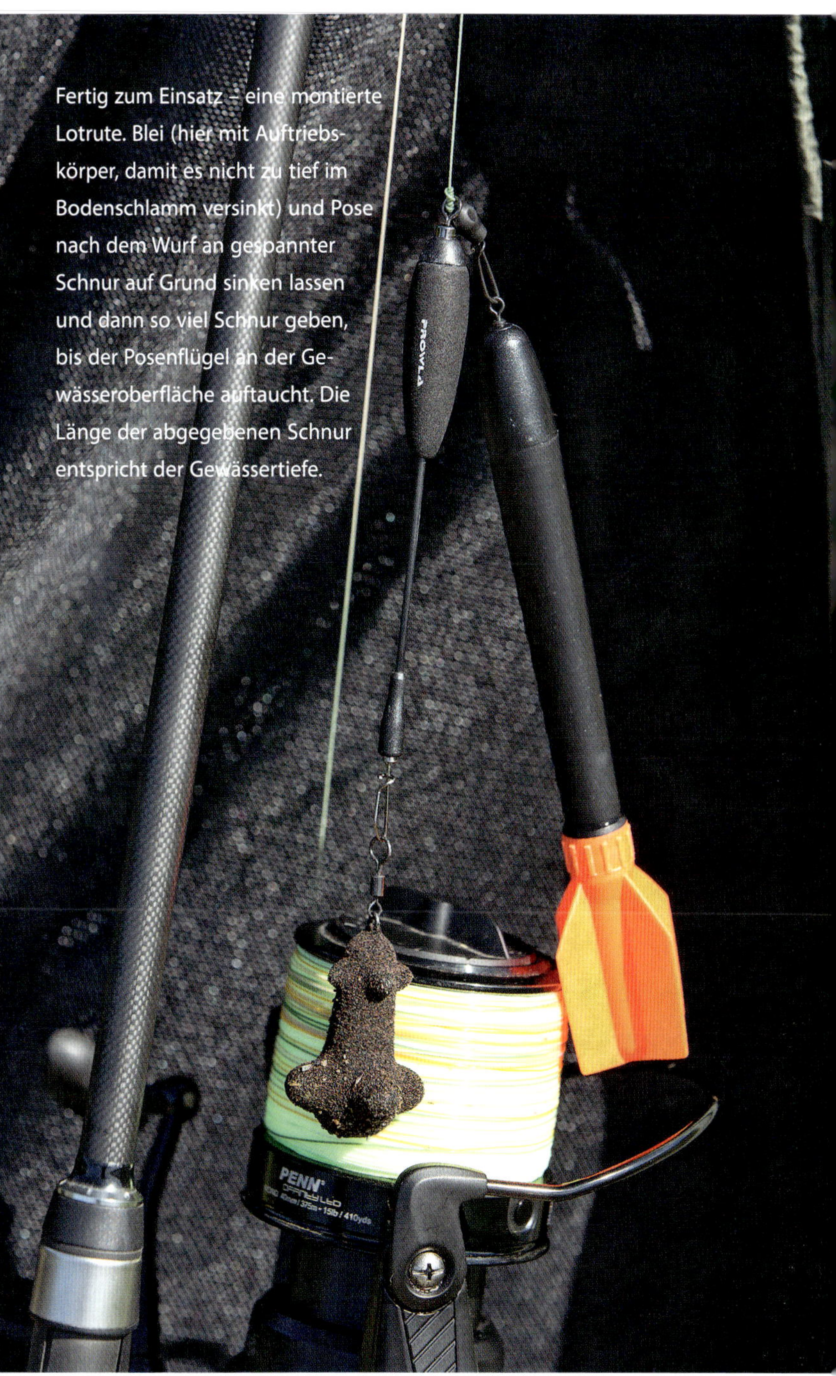

Fertig zum Einsatz – eine montierte Lotrute. Blei (hier mit Auftriebskörper, damit es nicht zu tief im Bodenschlamm versinkt) und Pose nach dem Wurf an gespannter Schnur auf Grund sinken lassen und dann so viel Schnur geben, bis der Posenflügel an der Gewässeroberfläche auftaucht. Die Länge der abgegebenen Schnur entspricht der Gewässertiefe.

Jetzt kommt zum Tragen, warum das Grundblei möglichst schwer gewählt werden muss: Beginnen wir damit, die abgegebene Schnur wieder einzuholen, soll das Blei fest verankert am Boden liegen bleiben, bis die Pose durch unsere Kurbelumdrehungen wieder am Blei angekommen ist. Danach holen wir einige zusätzliche Meter ein, lösen damit das Grundblei von der Stelle und ziehen es dichter an uns heran, um hier erneut die Wassertiefe festzustellen. Dann geht es von vorne los. Je nachdem, wie häufig wir die Schnur wieder von der Rolle bis zur Klebebandmarkierung führen müssen, ermitteln wir die Wassertiefe an unterschiedlichen Stellen im Gewässer. Ziemlich clever!

Großer Vorteil und weit mehr als nur ein Nebeneffekt bei dieser Lotmontage ist, dass wir allerhand Informationen über die Bodenbeschaffenheit erlangen. Ich gehe sogar so weit, dass ich sage: »Besser als jedes hochmoderne Echolot!« Denn während auf dem Display der Geräte die Bodenhärte in mehr oder weniger abstrakten Pixeln dargestellt wird, können wir beim Loten mit dem Bodenblei den Grund »fühlen«. Dabei ist die Rute unser verlängerter Arm und das Blei steht stellvertretend für den Tastsinn. Nicht umsonst sagen die Profis »Loten mit dem Tastblei« zu dieser Methode. Wichtig: Wir müssen geflochtene Schnur dazu verwenden, weil die aufgrund ihrer fehlenden Dehnung am besten die Härte des Bodens überträgt. Monofile Schnur würde dies wie ein Gummiband »verschlucken«.

Lassen Sie uns doch einfach mal einen gemeinsamen Wurf machen: »Wuuusch!«, mit einem kräftigen Wurf schicken wir die Lotmontage Richtung Horizont. Nachdem sie auf die Wasseroberfläche geplatscht ist, blockieren wir mit einem Finger an der Rolle den weiteren Ablauf unserer Schnur und lassen Blei und Schwimmer auf den Grund sinken. Beobachten Sie dazu Ihre Schnur – sobald sie in sich zusammenfällt, ist der Boden erreicht. Man kann das auch deutlich in der Rute spüren. Und ums Fühlen geht's ab jetzt. Wie oben erklärt, geben wir in 50-Zentime-

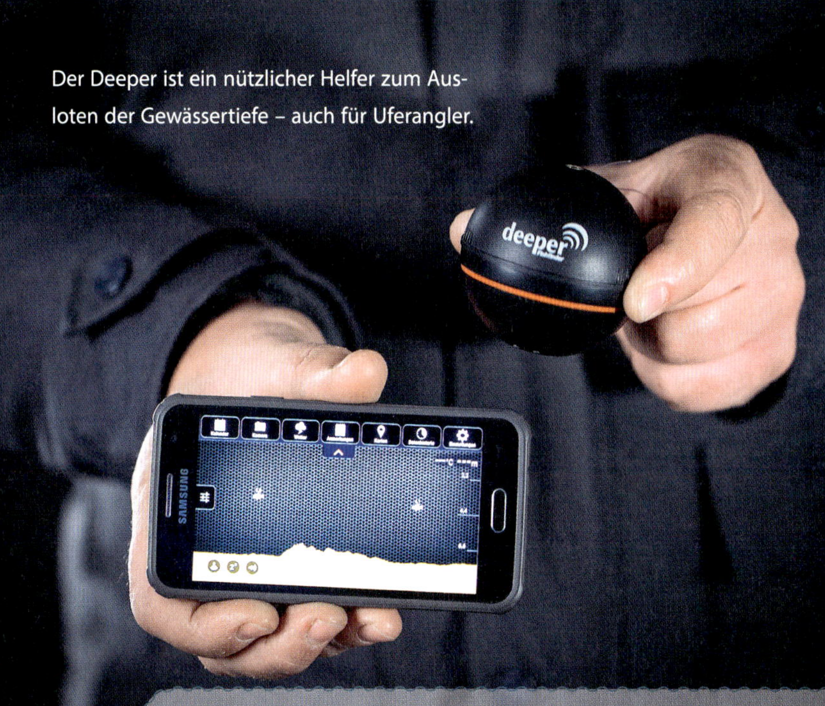

Der Deeper ist ein nützlicher Helfer zum Ausloten der Gewässertiefe – auch für Uferangler.

Kleiner Helfer

Einen pfiffigen kleinen Helfer hat die Firma Deeper auf den Markt gebracht, mit dem auch Uferangler die Vorteile eines Echolots nutzen können. Dabei wird das tennisballgroße Geberinstrument an einer Schnur ins Wasser gelassen oder mit der Rute ausgeworfen. Die verarbeiteten Signale errechnen dabei die Gewässertiefe, die mittels WLAN und App auf dem Display eines Mobiltelefons abgebildet wird. Dass dieses Gerät mehr als eine Spielerei ist, zeigen die konstanten Verkäufe des Deepers. Allerdings: Das alles hat seinen Preis. Unter 200 Euro kommen wir bei einem Neugerät nicht davon.

ter-Schritten Schnur frei, zählen die Wiederholungen innerlich mit und können uns daraus die Gewässertiefe errechnen. Nun gefühlvoll die abgegebene Schnur einholen. Ist die Pose auf umgekehrtem Wege wieder am Grundblei angekommen, fällt das Kurbeln deutlich schwerer. Jetzt lupfen wir mit einer Bewegung aus dem Unterarm das Blei ein Stückchen an. Und hier wird es interessant! Lässt sich das Gewicht problemlos lösen, haben wir es mit hartem Grund zu tun. Müssen wir es erst wie aus einem Kaugummi herausziehen, deutet das auf schlammige Bereiche hin. Je schwieriger es zu lösen ist, desto tiefer der Schlamm. Bei Krautbewuchs müssen wir stellenweise richtig reißen, um das Blei zu lösen, und haben später häufig Krautreste an der Montage hängen.

Und weiter: So wichtig wie das Lösen ist der darauffolgende Aufprall. Bei steinigem Grund spüren wir bis in das Handteil das harte Auftreffen auf den Steinen. Fester Sand ist ebenfalls hart zu spüren, aber nicht ganz so klar wahrnehmbar. Schlamm ist, je nach Tiefe, gedämpft bis fast gar nicht zu spüren, ebenso Krautbewuchs. Wo sich die ganze Montage unlösbar verhängt, erwartet uns ein regelrechtes Ködergrab. Hier sollten wir unseren Köder (natürlich) nicht präsentieren.

Auf diese Weise können wir in relativ kurzer Zeit recht große Gewässerabschnitte ausbaldowern und uns eine erstaunlich gute Übersicht über die Bodenstruktur verschaffen. Für mich ist diese Methode inzwischen sogar beim Bootsangeln zu einer sehr guten Ergänzung des Echolots geworden. Je mehr ich Display-Anzeige und gefühlte Bodenstruktur abgleiche, desto besser lerne ich das Echolot zu verstehen und zu lesen.

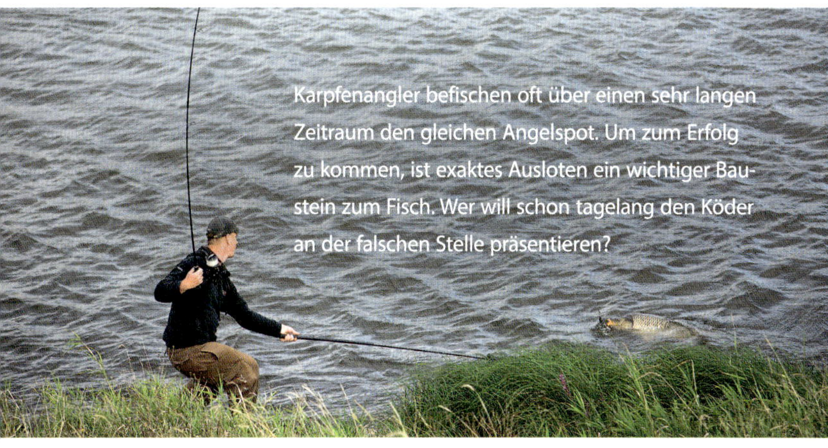

Karpfenangler befischen oft über einen sehr langen Zeitraum den gleichen Angelspot. Um zum Erfolg zu kommen, ist exaktes Ausloten ein wichtiger Baustein zum Fisch. Wer will schon tagelang den Köder an der falschen Stelle präsentieren?

Struktur – finden und verstehen

Was bedeutet das alles für uns? Wer erkennt, wie sich der Gewässerboden darstellt, hat noch längst keinen Fisch gefangen. Wir müssen die Informationen lesen und unsere Schlüsse daraus ziehen. Fische lieben zum Beispiel Übergänge von steinigen zu schlammigen Bereichen und lassen sich dort hervorragend fangen. Aber auch Schlamm an sich kann ein guter Indikator für den Aufenthalt unserer Flossenfreunde sein. »Guter« Schlamm ist nicht zu tief und in ihm steckt oft reichlich Kleinstnahrung in Form von Larven, Muscheln, Krebschen und anderem Getier, während »schlechter« Schlamm häufig weich und tief ist.
Riechen Sie einfach mal an Ihrem Blei, wenn es zuvor in Schlamm eingesunken ist. Faulschlamm ist nicht produktiv und für die Fische uninteressant. Hat das Blei diesen fürchterlichen Geruch angenommen, brauchen Sie hier keinen Versuch starten. Auch Rückstände am Blei können eine kleine Geschichte erzählen, wenn diese bestenfalls sogar noch mit Zuckmückenlarven versehen sind und/oder eben unauffällig riechen.

Dass wir unseren Köder nicht direkt im Kraut anbieten, versteht sich von selbst. Kein Fisch würde ihn finden. Da sich Fische aber von Krautfeldern angezogen fühlen, lohnt es sich, die Ränder davon ausfindig zu machen –

dort geht immer was. Auch wichtig: Ist das harte Auftreffen des Bleis tatsächlich auf Stein zurückzuführen? Oder haben wir hier vielleicht sogar eine Muschelbank gefunden? Hier lohnt es sich, genauer hinzusehen. Anders ausgedrückt: Platzieren Sie hier probeweise Ihren Köder. Abfallende Kanten sind ebenfalls ein gutes Indiz für einen echten Hotspot. Oft, aber nicht immer ist der Fuß der Kante der interessantere Bereich. Platzieren Sie Ihren Köder mal auf, mal unterhalb dieses Bruchs und beobachten Sie, welcher Bereich Bisse produziert.

Hier noch ein nützlicher Praxistipp: Haben wir eine Stelle gefunden, an der wir unseren Köder später anbieten wollen, kann es schwerfallen, diese später mit der montierten Angel wieder genau zu treffen. Lassen Sie also die Pose der Lotrute an dem gefundenen Spot zunächst als Marker stehen. Jetzt platzieren Sie die beköderte Rute direkt daneben und binden kurz über der Rolle mit einem roten Bindfaden einen Stopperknoten (Bindeanleitungen sind bei Youtube zuhauf zu finden) auf die Hauptschnur. Dazu prägen Sie sich beim Auswerfen rechts und links zwei Landmarken am gegenüberliegenden Ufer ein und schon werden Sie bei jedem Wurf exakt die gleiche Stelle treffen. Der Stopperknoten markiert die Wurfentfernung, die Überschneidung der gedachten Linien Ihrer Orientierungspunkte dienen der Wurfrichtung.

Die Bedeutung von guter Lotarbeit kann kaum überschätzt werden! An einem neuen Gewässer einfach so ins Blaue zu fischen, ist etwa so effektiv, wie beim Fußball ins andere Spielfeld zu kicken und zu erwarten, dass der Ball schon ins Tor trudeln wird. Das kann mal klappen, die Chancen steigen aber ganz enorm, wenn man planvoll vorgeht. Ich bin schon mit Schwimmflossen und Taucherbrille ins Wasser gesprungen, um mir anzuschauen, wie es dort unten aussieht. Und dabei ging es nicht darum, Fische zu finden, sondern zwischen ihren Wohn-, Schlaf- und Fressplätzen zu unterscheiden. Sie sagen, das geht zu weit? Nun, ich kenne Angler, die dies nicht nur regelmäßig und auch bei niedrigen Temperaturen (dann

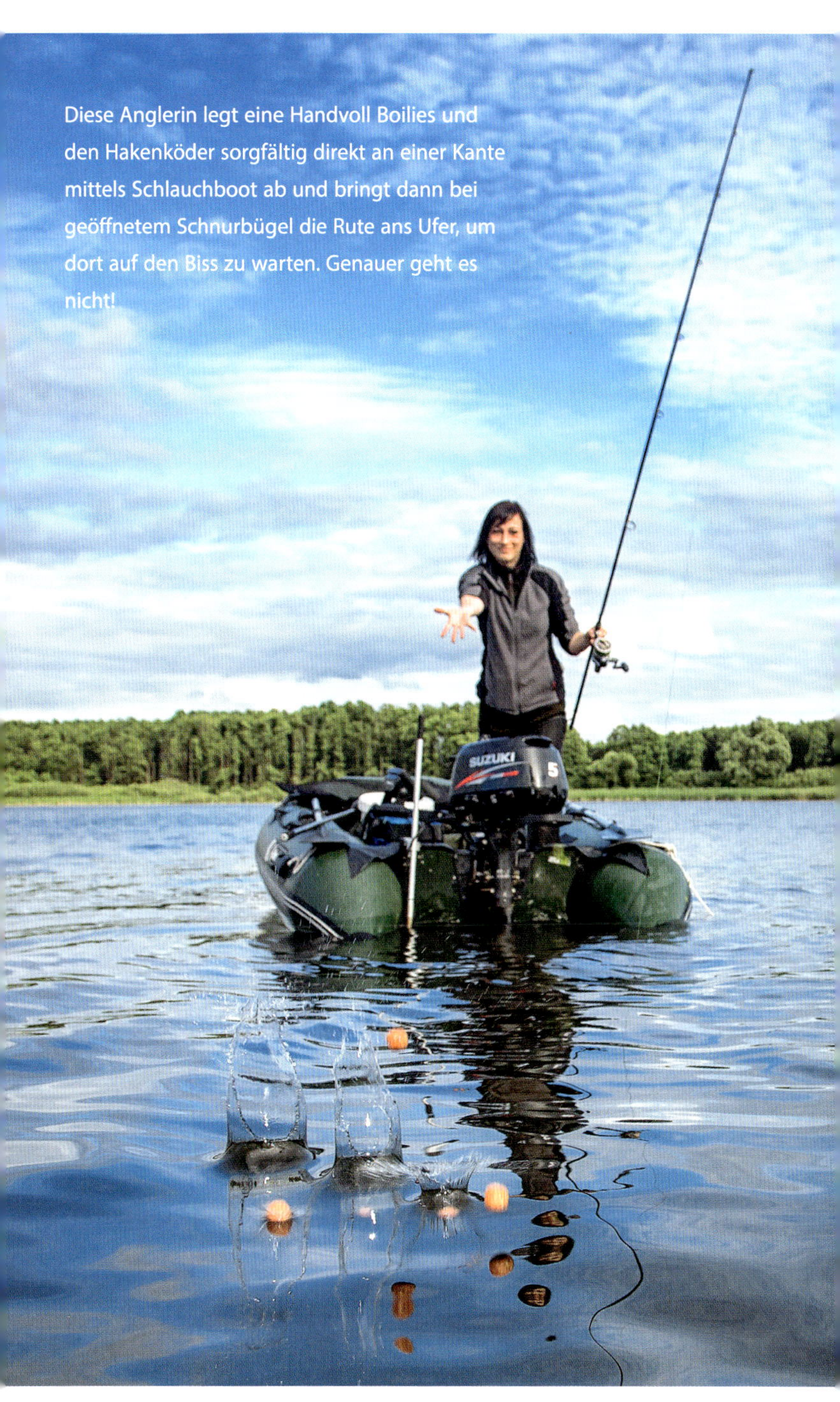

Diese Anglerin legt eine Handvoll Boilies und den Hakenköder sorgfältig direkt an einer Kante mittels Schlauchboot ab und bringt dann bei geöffnetem Schnurbügel die Rute ans Ufer, um dort auf den Biss zu warten. Genauer geht es nicht!

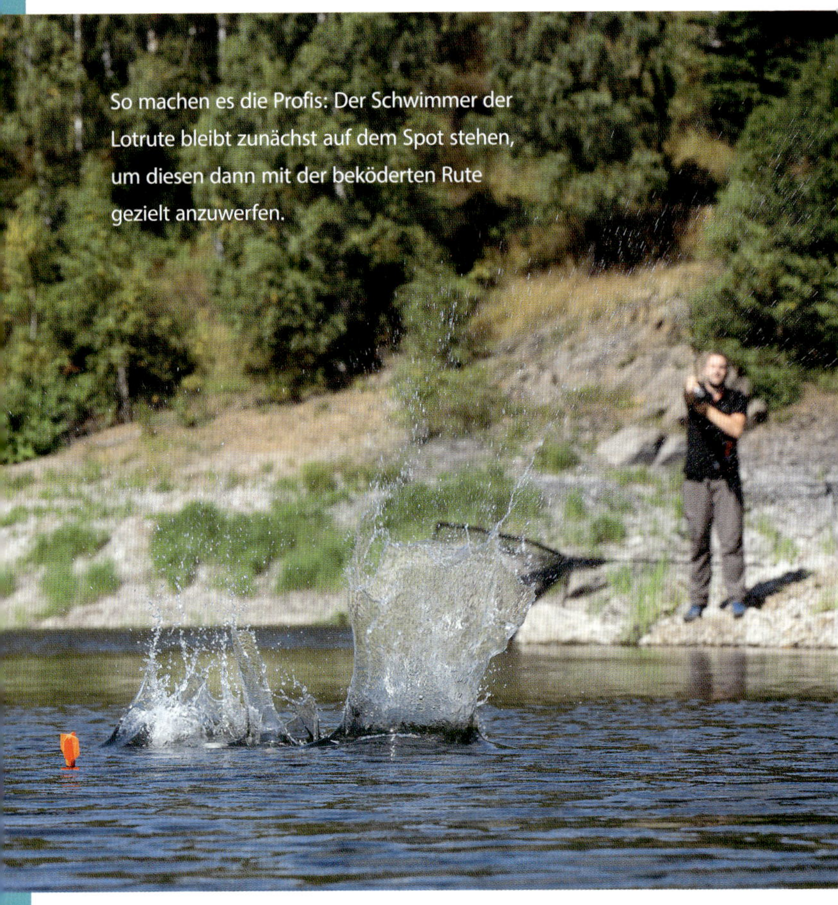

So machen es die Profis: Der Schwimmer der Lotrute bleibt zunächst auf dem Spot stehen, um diesen dann mit der beköderten Rute gezielt anzuwerfen.

mit isolierendem Neoprenanzug) machen. Noch extremer: Diese Angler haben längst das Anhalten der Luft bis über zwei Minuten Länge geübt, um a) die bevorzugten Fressplätze der Fische herauszufinden, dabei b) ihr Fressverhalten genau zu studieren, um dann c) den Hakenköder samt Montage mit der Hand zentimetergenau am Krautrand abzulegen. Hier sind echte Profis am Werk, darüber müssen wir nicht sprechen. Aber es zeigt eindrucksvoll, welche Akribie diese Angler mit ans Wasser bringen, um Traumfische regelmäßig Wirklichkeit werden zu lassen.

Und da wollen wir tatsächlich auf 15 Minuten Loten verzichten?

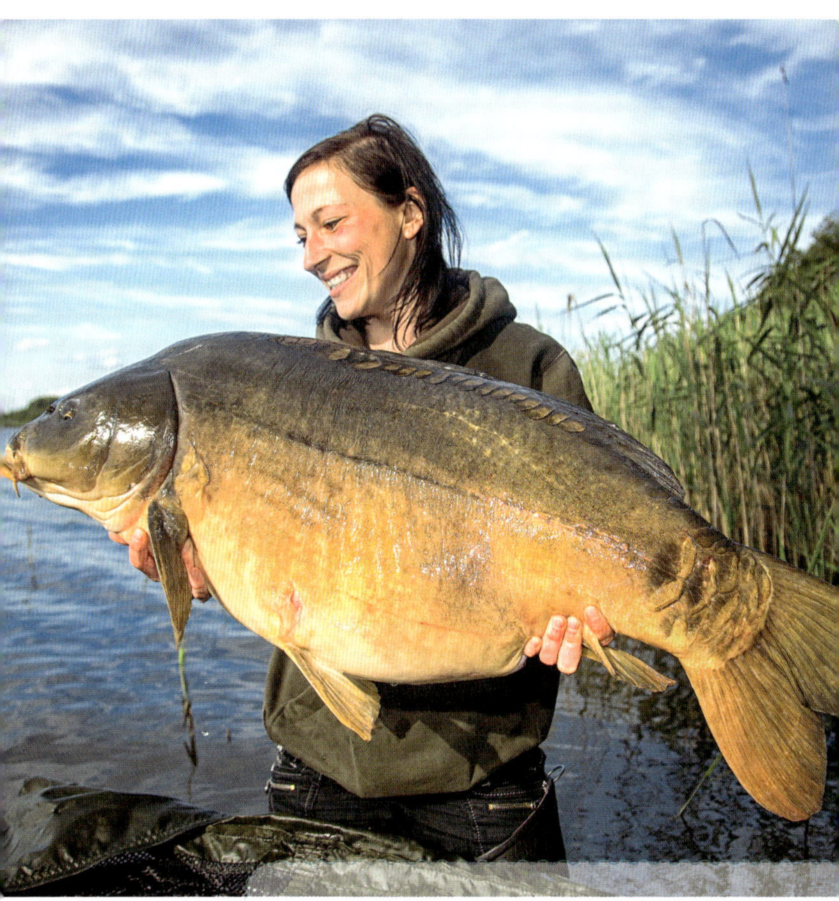

Darüber sprechen wir:

So ein gigantischer Spiegelkarpfen ist selten Zufall, sondern fast immer das Resultat aus guter Location und nicht zu knappem Zeiteinsatz.

Für die einen ist es nur ein Echolot, für die anderen (Angler!) das beste Fischfernsehen der Welt! Lassen Sie es uns zurückhaltend formulieren: Der Einsatz eines Fischfinders katapultiert uns in eine neue Dimension des Angelns. Endlich können wir Unterwasserstrukturen live, komfortabel und auf den Meter genau mit einem Blick aufs Display verstehen – selbst Fische werden uns angezeigt. Um die Euphorie aber auch gleich wieder zu dämpfen: Eine Fangmaschine, die uns gleich reihenweise die Fische an den Haken zaubert, ist aber selbst das modernste Echolot nicht. Revolutionär wird es erst in unserem Kopf – wenn wir die Anzeigen richtig deuten und uns anglerisch entsprechend darauf einstellen.

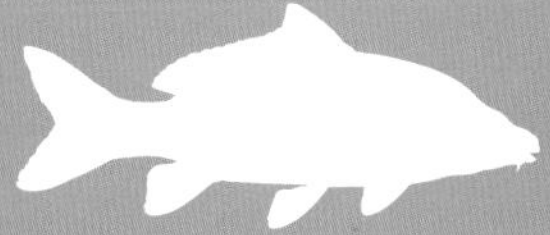

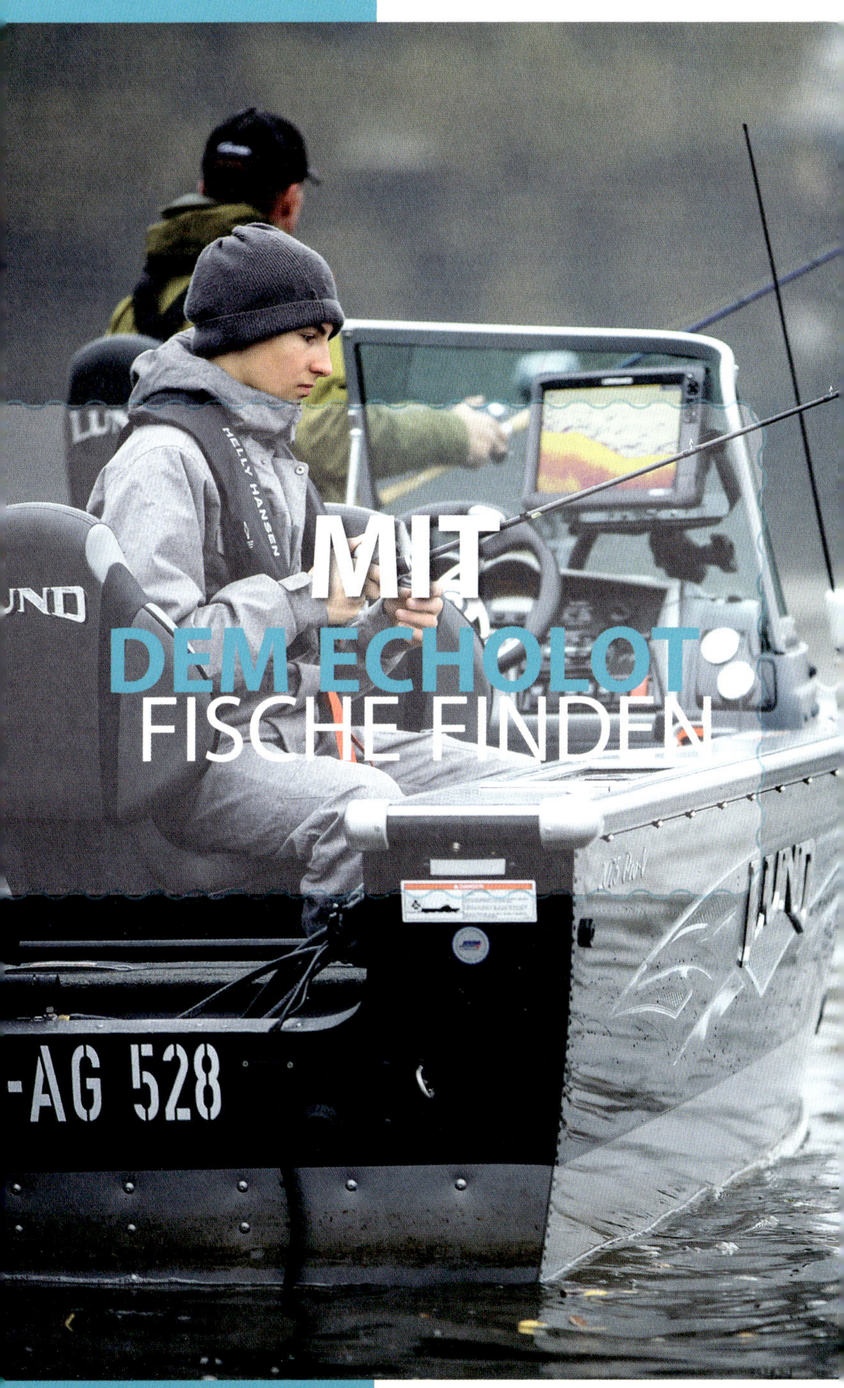

MIT DEM ECHOLOT FISCHE FINDEN

Das Echolot

Akkubetriebene Echolote sind längst erschwinglich geworden und haben sich innerhalb weniger Jahre vom teuren Spezialistenzubehör zum ganz normalen Equipment für Bootsangler entwickelt. Schon für 100 Euro können wir uns ein Einsteigergerät zulegen und kommen damit dem Fisch gleich mehrere große Schritte entgegen. Ein Echolot ist der Blick durchs Schlüsselloch in die Unterwasserwelt. Die Funktionsweise ist in wenigen Sätzen erklärt: Das Gerät sendet über den unterhalb der Wasserlinie angebrachten Geber kontinuierlich Schallimpulse aus und berechnet aus der Zeit, die die vom Gewässerboden reflektierten Schallwellen zurück zum Geber benötigen, die Gewässertiefe. Diese wird auf dem Display des Echolots fortlaufend bildlich dargestellt. Doch das ist (längst) nicht alles. Treffen die ausgesendeten Signale auf ihrem Weg zum Grund des Gewässers auf Hindernisse, zeichnen sich diese ebenfalls ab. Und was hier als Hindernis beschrieben wird, sind bestenfalls: Fische!
Außerdem kann anhand der dargestellten Bodenlinie auch die Härte des Gewässergrunds abgelesen werden. Krautfelder werden ebenso sichtbar gemacht wie versunkene Bäume, Steine und, und, und.

Allerdings: Ich muss Sie vorwarnen! Obwohl ich hier lediglich an der Oberfläche der modernen Echolottechnik kratze, ist dieses Kapitel anspruchsvoll. Und auch wenn es sich hier nicht um Raketentechnologie handelt, wird Gelesenes vermutlich erst in Verbindung mit den Fotos richtig verständlich. Es ist allerdings mehr als lohnenswert, sich mit den Möglichkeiten eines Echolots (der Engländer sagt bezeichnenderweise »fishfinder«) vertraut zu machen. Fische suchen, Fische finden, Fische fangen! Damit Punkte eins und zwei nicht zur Sisyphosarbeit werden, verwendet der Bootsangler ein Echolot.
Nun darf man keine fotorealistischen Bilder erwarten, schließlich wird hier nicht mit Videoaufzeichnungen, sondern mit Schallimpulsen gearbeitet. Aber mit steigender Erfahrung kann man beim Blick auf den Bildschirm

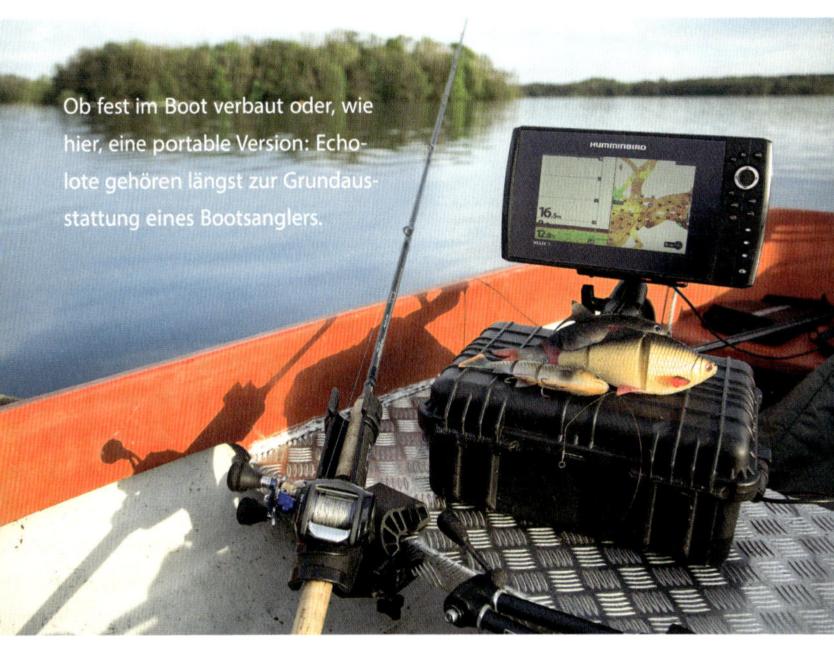

Ob fest im Boot verbaut oder, wie hier, eine portable Version: Echolote gehören längst zur Grundausstattung eines Bootsanglers.

schon bald allerhand Rückschlüsse ziehen, was unter dem Bootsrumpf eigentlich so vorgeht. Um hier aber gleich mit dem Vorurteil aufzuräumen, dass das Fischefangen damit zum Kinderspiel werde und das alles eigentlich kein »richtiges« Angeln mehr sei: Zwischen einer pixeligen Anzeige und dem tatsächlichen Fang eines Fisches liegen Welten! Wir müssen die Anzeige deuten lernen (und es gleicht immer einem Rätselraten, um welche Fischart es sich handeln könnte), und wenn es sich bei dem Pixelbrei tatsächlich um Fische handelt, müssen diese zusätzlich fressbereit sein und unseren Köder aufnehmen.

Dazu eine kleine Statistik: Vor einiger Zeit besuchte ich einen Angler in Schweden, der Mitbegründer einer neuen Angeltechnik ist: des pelagischen Vertikalangelns auf Zander. Dabei werden mittels modernster Echolote große Einzelfische im Gewässer gesucht, um diese gezielt zu befischen. Taucht nach oft stundenlanger Sucherei (ohne Angel in der Hand) ein entsprechendes Signal auf dem Bildschirm auf, wird das Boot punktgenau

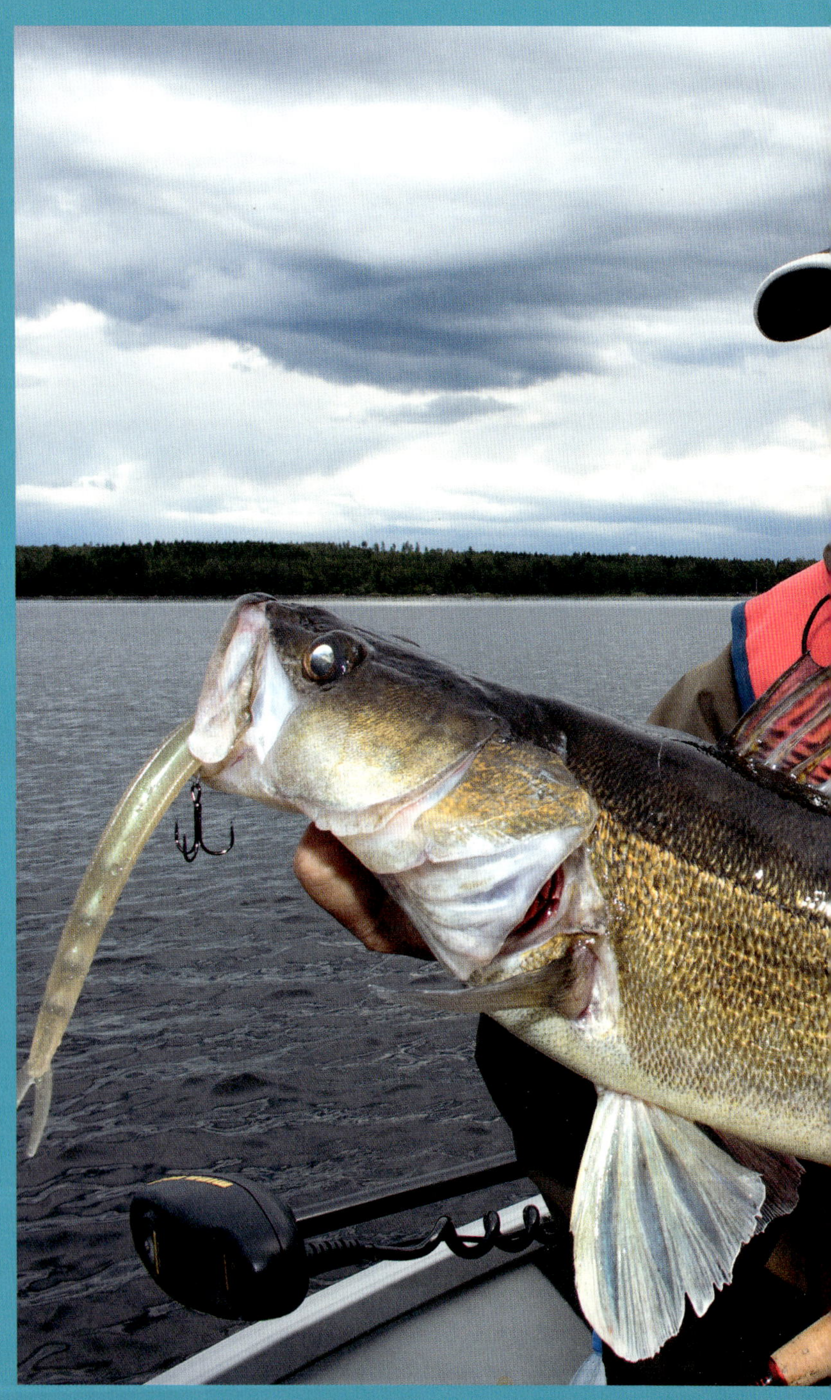

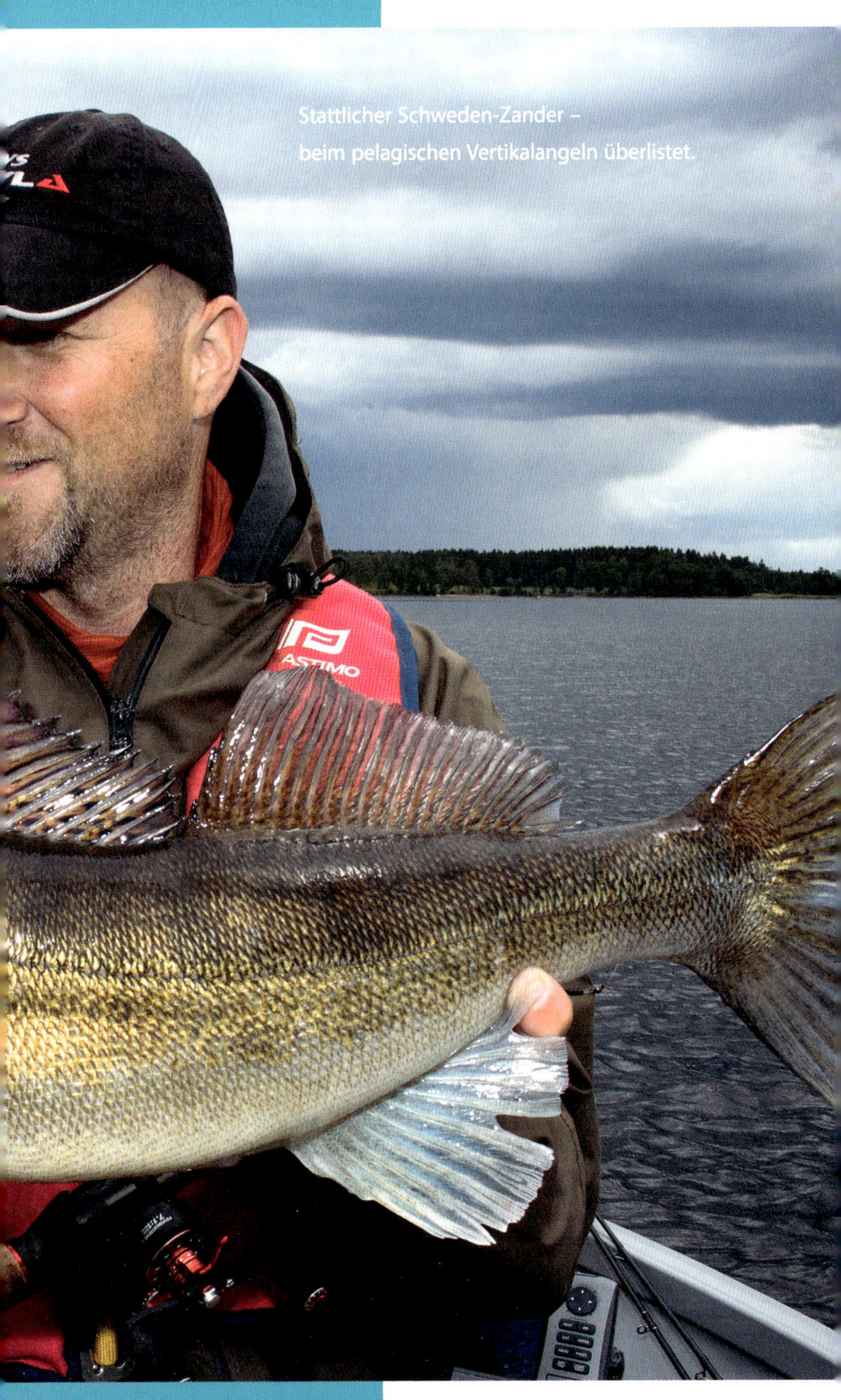

Stattlicher Schweden-Zander –
beim pelagischen Vertikalangeln überlistet.

über dem Fisch »geparkt«. Erst jetzt kommt der Köder zum Einsatz und wird vertikal in die Tiefe gelassen, um ihn im unmittelbaren Fressbereich anzubieten. Beides, Köder und Fisch, können dabei auf der Displayanzeige beobachtet werden.

Jetzt kommt's: Nur etwa fünf Prozent der angefischten Zander attackierten bei dieser Methode den Köder! Und hier sprechen wir von absoluter Perfektion. So viel dazu.

Ein Echolot ist keine Fangmaschine

Bleiben wir realistisch: Nein, ein Echolot ist keine Fangmaschine. Aber ein Echolot ist ein ausgesprochen effektives Gerät, um eine Idee davon zu bekommen, wie sich die Gewässerstruktur darstellt. Neumodisch, ja. Aber wer will heutzutage schon noch mit der Postkutsche von A nach B fahren? Auf dem kleinen Vereinsgewässer kommen wir noch ganz gut ohne aus, sind wir auf einem großen Natursee unterwegs, verschaffen wir uns innerhalb weniger Stunden viel mehr als einen Überblick – wir bekommen Durchblick! In der Vor-Echolot-Zeitrechnung hat das Erreichen ähnlicher Gewässerkenntnis oft Jahre gebraucht. Und ich bin längst nicht am Ende der Vorzüge angelangt: Zusätzlich wird uns die Wassertemperatur angezeigt, die – je nach Windrichtung und Uferseite – im gleichen Gewässer schon mal um ein, zwei Grad variieren kann. Welche Temperaturen die Fische zu welcher Jahreszeit bevorzugen, haben wir im Kapitel »Alle Wetter zum Fischefinden« (s. S. 64) bereits angesprochen. Im Sommer ist es sogar möglich, die ausgebildete Sprungschicht zu finden, die das Oberflächen- und Tiefenwasser voneinander trennt und ein wichtiger Baustein auf dem Weg zum Fisch ist.

Für die reine Tiefenermittlung und grobe Anzeige von Fischen reicht ganz sicher ein einfaches Gerät. Das katapultiert uns mit dem Einschalten in ganz neue Bereiche der wichtigen Gewässerkenntnis. Verzichten

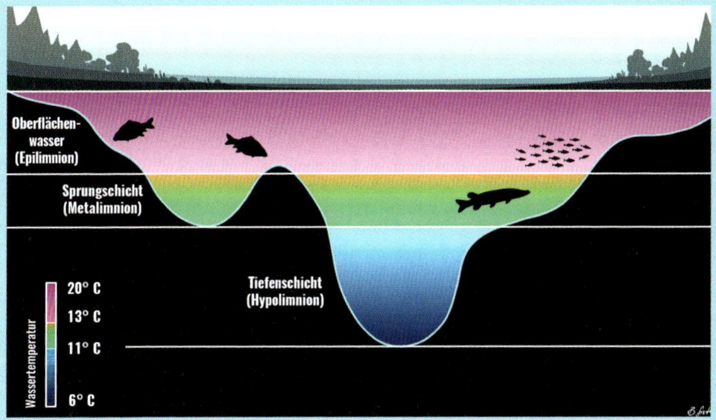

Sprungschicht – was ist das eigentlich?

Im Gegensatz zu flachen Gewässern, bei denen ein ständiger Austausch der Wasserschichten stattfindet, ist das in stehenden und etwas tieferen Gewässern anders. Insbesondere im Sommer bildet sich zwischen der kalten Tiefen- und warmen Oberschicht des Gewässers die sogenannte Sprungschicht aus. Die liegt meistens in 6 bis 15 Meter Tiefe und hier fühlen sich die meisten Fischarten ganz besonders wohl. Das hat nicht ausschließlich mit der Temperatur, sondern auch mit dem damit verbundenen Sauerstoffgehalt etwas zu tun.

Aufgepasst, jetzt wird es ein wenig kompliziert: Weil Wasser bei unterschiedlichen Temperaturen auch eine andere Dichte aufweist, vermischen sich die Schichten nicht mehr gleichmäßig miteinander. In der Tiefenschicht (lat. Hypolimnion) bleibt es also kalt und wenig attraktiv für viele Fischarten, im Oberflächenwasser (lat. Epilimnion) warm und sauerstoffarm. Beste Bedingungen sind dazwischen, in der Sprungschicht (lat. Metalimnion) zu finden. An dieser Stelle kommt das Echolot ins Spiel: Da hier vermehrt mit Plankton und Planktonfressern zu rechnen ist, gefolgt von größeren Unterwasserbewohnern, kann die Sprungschicht mit dem Echolot gefunden und auf dem Display angezeigt werden. Stellen Sie dafür eine möglichst hohe Empfindlichkeit/Sendeleistung des Gerätes ein.

Sie als regelmäßiger Bootsangler nicht auf diese Investition – sie zahlt sich in Form deutlich besserer Fänge aus.

Wie bei allen elektronischen Geräten steigen Komfort und Leistung mit dem Kaufpreis. Je mehr Geld wir ausgeben, desto größer wird das Display, desto detaillierter die Ansicht und desto größer der Funktionsumfang. Damit fällt es leichter, Fischanzeigen und Bodenlinie zu deuten. Es ist ja so: Fische werden nicht als Fische angezeigt! Da das ausgesendete Signal des Echolotgebers erst den Fischkörper streift, dann nach und nach voll erfasst und im Anschluss wieder nur noch streift, erhalten wir eine sichelförmige Anzeige, die an beiden Enden langsam ausläuft. Stehen mehrere Fische zusammen, gehen diese Anzeigen ineinander über und sind im Extremfall (dicht beisammen stehende Schwärme) nur noch als große Wolke auf dem Display erkennbar. Man kann sagen: Je besser die Auflösung, desto besser/genauer lässt sich die Anzeige deuten. Bei der eben angesprochenen Bodenlinie ist es nicht anders. Die Härte des Bodens lässt sich bei hochpreisigeren Geräten ebenfalls einfacher ablesen.
Damit nicht alles allzu theoretisch bleibt: Am Ende dieses Kapitels finden Sie einige beispielhafte Echolotanzeigen mit entsprechenden Erklärungen.

Hier ist längst nicht Schluss mit den (fast) unendlichen Möglichkeiten moderner Echolote. Für eine zusätzliche kleine Revolution hat die Erfindung des Side-Scan Sonar gesorgt. Dabei können nicht die Strukturen aufgespürt werden, die wir mit dem Boot gerade überfahren haben und die mit herkömmlicher Echolottechnik angezeigt werden. Das Side-Scan Sonar bietet die Möglichkeit, auch rechts und links des Bootes liegende Strukturen auf dem Bildschirm anzuzeigen – und das in immer besser werdender Qualität. In der Praxis ist dies eine unglaublich zeitsparende Anwendung, um die Bodenstruktur des Gewässers auszukundschaften. Die Kehrseite der Medaille: Noch ist diese relativ neue Technik recht teuer. Ich bin aber zuversichtlich, dass sie im Laufe weniger Jahre zum Standard auch in günstigen Geräten wird.

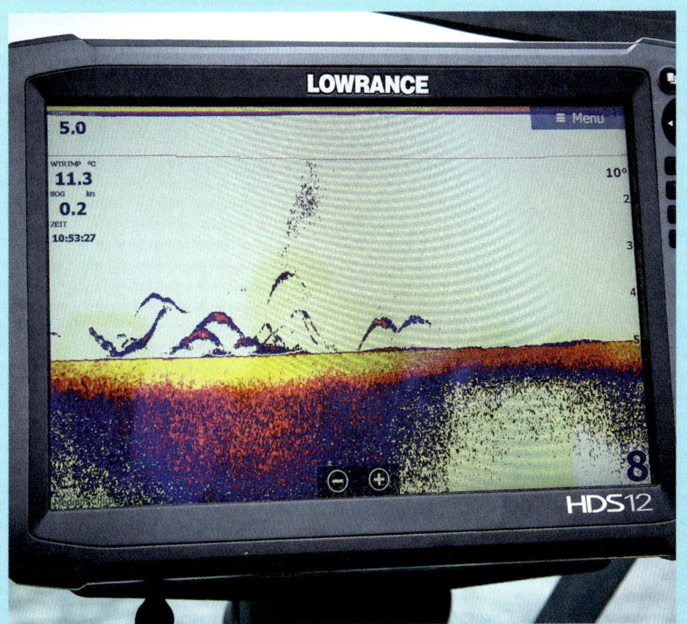

Fische werden auf der Displayanzeige des Echolots gewöhnlicherweise sichelförmig dargestellt.

Der Kartenplotter – Navigationsgerät auf dem Wasser

Die Integration eines Kartenplotters wird inzwischen mehr und mehr zum üblichen Funktionsumfang moderner Echolote. Die gute Nachricht: Diese Kombigeräte werden immer erschwinglicher.

Was ist ein Kartenplotter? Vergleichen Sie diese wichtige Zusatzfunktion mit Ihrem Navigationsgerät im Pkw – allerdings ohne Straßen, Häuser und Orientierungspunkte. Auf dem Bildschirm wird eine weiße Fläche angezeigt, auf der Ihre Position und die bereits zurückgelegte Route angezeigt werden. Jetzt kommt's: Haben Sie mittels Echolot einen interessanten Bereich gefunden, den Sie befischen möchten, können Sie Markierungspunkte auf der Plotteranzeige speichern und diese immer wieder gezielt anfahren. Noch nie war Orientierung auf dem Gewässer einfacher!

Und es geht noch besser: Stellen Sie sich vor, Sie haben ein großes Unterwasserplateau irgendwo in der Mitte eines riesigen Gewässers ausfindig gemacht. Dies wollen Sie aber nicht an jedem Angeltag aufs Neue suchen, außerdem möchten Sie eine Vorstellung der Ausmaße und der abfallenden Kanten haben. Kein Problem, setzen Sie einfach an den auslaufenden Enden der Erhebung Markierungspunkte. Diese können Sie zusätzlich editieren, also mit wichtigen Informationen benennen, und haben so immer eine gute Idee von Position und Verlauf des Plateaus. Krautbänke, steil oder flach abfallende Kanten, Bodenhärte, Fangplätze von Fischen – all das können Sie speichern, benennen und später gezielt anfahren. Zusatzinfo: Die Firma Navionics bietet elektronische Gewässerkarten an, die auf dem Gerät hinterlegt werden können. Damit wird aus dem weißen Plotterhintergrund eine Landkarte samt vieler wichtiger kartografischer Informationen, auf der Sie sich fortbewegen.

Ebenfalls hilfreich ist die Aufzeichnung der bereits zurückgelegten Strecke auf dem Kartenplotter. Selbst für erfahrene Angler ist es nahezu un-

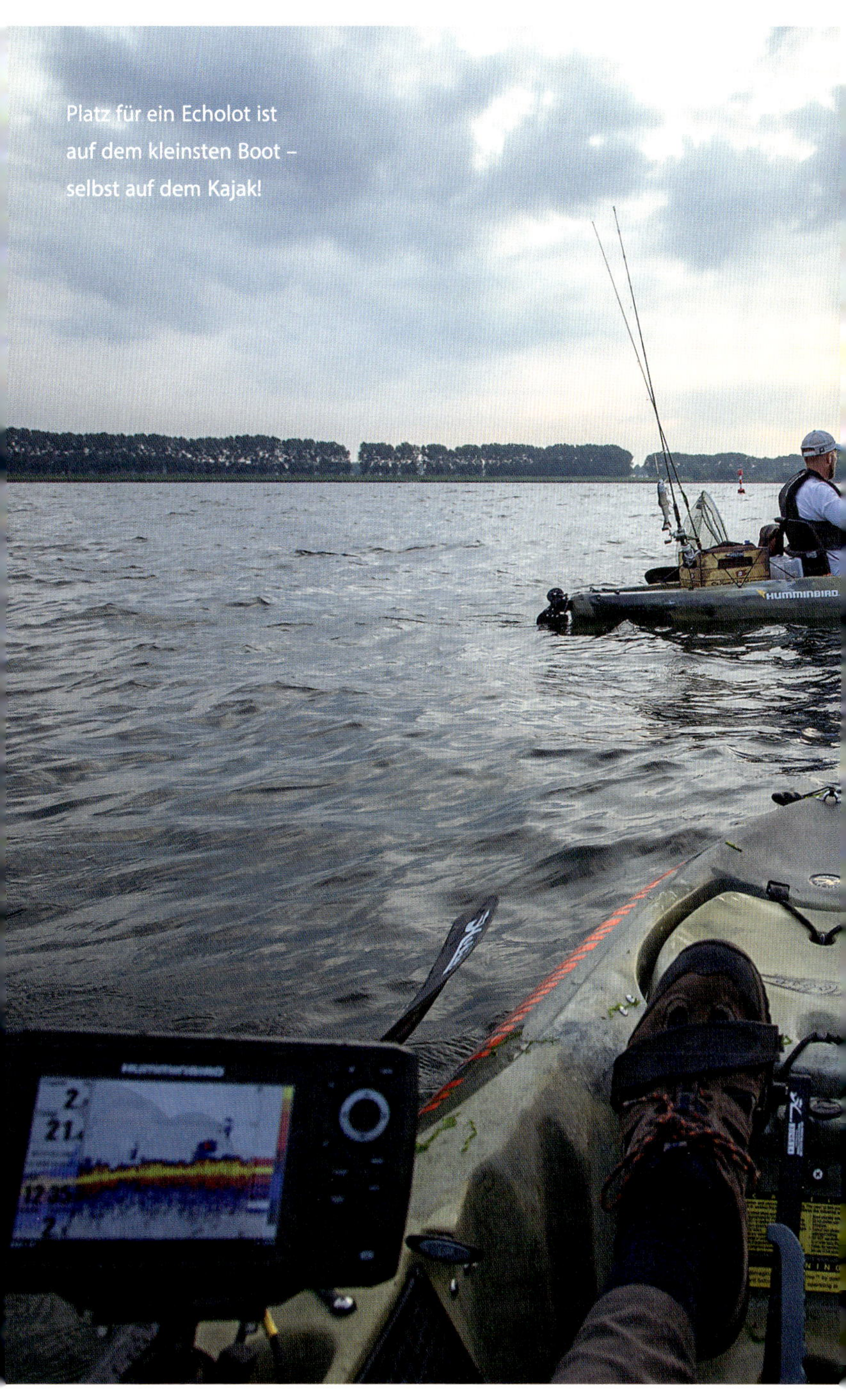

Platz für ein Echolot ist auf dem kleinsten Boot – selbst auf dem Kajak!

möglich, sich auf großen Gewässern metergenau zu orientieren. Stehen bei Kleingewässern noch anzupeilende Orientierungspunkte am nahe gelegenen Ufer zu Verfügung, sehen Sie auf Großgewässern nur drei Dinge: Wellen, Wellen, Wellen. Wer vom treibenden Boot angelt, weiß die Funktion der Streckenaufzeichnung schnell zu schätzen. Ganz besonders als Hechtangler lautet die Taktik oftmals: Mit dem Boot treiben lassen und den heißen Bereich werfend nach Fischen absuchen. Ist die Drift beendet (weil der befischte Bereich nicht mehr fischverdächtig wirkt), fährt man mit dem Boot zurück Richtung Ausgangspunkt und lässt sich seitlich versetzt (!) über das gleiche Areal treiben. Auf diese Weise können große Flächen systematisch nach Fisch abgesucht werden – versuchen Sie das mal ohne Kartenplotter. Echte Orientierung? Unmöglich!

Aber auch der Sicherheitsaspekt darf nicht vergessen werden. Flachwasserbereiche, bei denen ein Auflaufen mit dem Boot droht, lassen sich auf dem Kartenplotter markieren. Die oben angesprochene Aufzeichnung der zurückgelegten Strecke kann besonders dann hilfreich sein, wenn wir auf Gewässern mit ausgeprägten Untiefen unterwegs sind. Ganz besonders bei Dunkelheit und/oder Nebel wird es zum Kinderspiel, den sicheren Weg zurück ans Ufer zu finden: einfach auf der aufgezeichneten Wegstrecke zurückfahren. Sie glauben, so leicht verirrt es sich nicht? Nun, ich würde das hier nicht aufschreiben, wenn ich nicht schon ausreichend solche Fälle erlebt oder von ihnen gehört hätte. Selbst Ruderbootangler haben mir schon berichtet, im Nebel die Orientierung auf dem Gewässer verloren zu haben.
Lassen Sie uns also lieber die Problemzonen sicher umfahren – safety first!

Was ich Ihnen mit den Vorzügen eines Kartenplotters eben als echten Knüller in Sachen Orientierung auf dem Wasser vorgestellt habe, lässt sich sogar noch steigern. Ich möchte mich vorsichtig ausdrücken: Nichts hat hat meine Orientierung (und damit meine Fänge) beim Bootsangeln

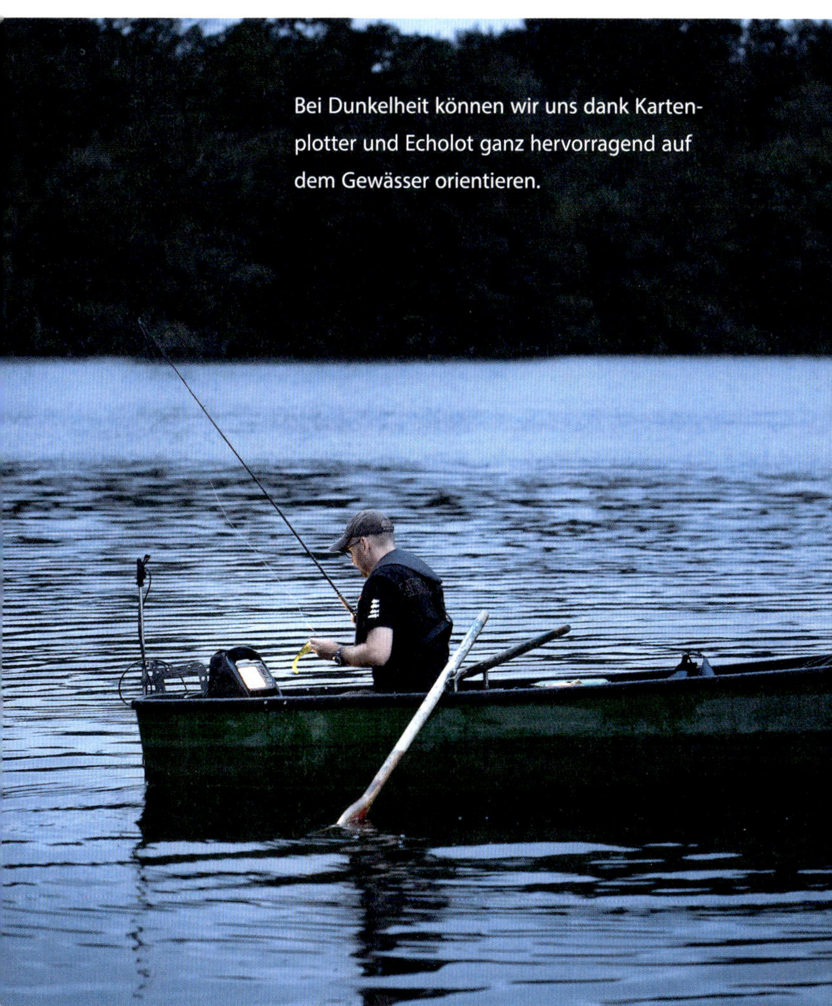

Bei Dunkelheit können wir uns dank Kartenplotter und Echolot ganz hervorragend auf dem Gewässer orientieren.

in den letzten Jahren um ein so großes Stück vorangebracht wie die Funktion einer zweidimensionalen Aufzeichnung der Bodenstruktur, die gleichzeitig auf dem Kartenplotter angezeigt wird. »AutoChart™ Live« wird dies beim Hersteller Humminbird genannt, aber auch Marktführer Lowrance verfügt über diese Funktion, nennt es aber »SonarChart™ Live«.

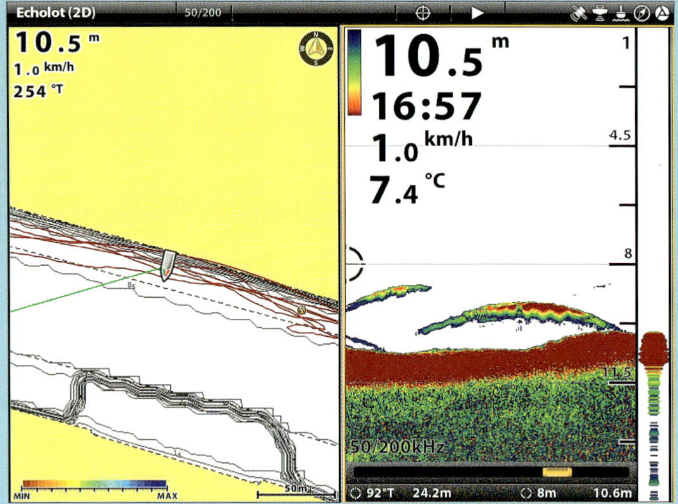

Der geteilte Bildschirm eines Kombigerätes: Rechts die Tiefenanzeige (mit zwei Fischen dicht am Grund), links der Kartenplotter, der hier einen Ausschnitt eines Flusses anzeigt. Sehr hilfreich, aber eine hundertprozentige Vorstellung von der Unterwasserwelt erhalten wir damit noch nicht.

Dabei geht es darum: Bei der gewöhnlichen Kombination aus Echolot und Kartenplotter sehen wir auf einem geteilten Bildschirm auf der einen Seite den Verlauf der in der Vergangenheit gefahrenen Tiefenlinie (Echolot), auf der anderen Bildschirmseite unsere gefahrene Strecke (Kartenplotter). Beides zusammen ist hilfreich, eine ECHTE Vorstellung der Unterwasserstruktur – und damit ist ein mehrdimensionaler Eindruck gemeint – bekommen wir aber nur schwer.

Die neuartige Technik, von der ich hier spreche, geht noch viel weiter. Aus der ermittelten Gewässertiefe berechnet die Software eine reliefartige Unterwasserkarte, auf der die verschiedenen Wassertiefen in unterschiedlichen Farbnuancen dargestellt werden. Auf dieser Ansicht wird die Darstellung des Kartenplotters überlagert. Das hat zur Folge, dass wir uns wie in einer Art Videospiel auf dem Display über der Unterwasserkarte fortbewegen. Durch die fortwährende Aufzeichnung längst vergangener Angeltage wird eine immer detailliertere Strukturkarte erstellt, die es ermöglicht, uns die Unterwasserwelt mehrdimensional vorzustellen. Im Gegensatz zum »einfachen« Plotter fahren wir also nicht mehr einzelne Markierungspunkte an und wissen lediglich, wie tief es auf der zurückliegend gefahrenen Strecke ist. Hier bewegen wir uns unmittelbar auf einer exakten Tiefenkarte und bekommen eine Vorstellung von der zukünftig zu erwartenden Tiefe.
Dies ist ein echter Augenöffner!

Ich habe auf diese Weise Unterwasserstrukturen von jahrelang befischten Gewässern erst richtig verstanden und konnte daraus wichtige Rückschlüsse auf den Aufenthaltsort von Fischen ziehen.

Die Deutung von Echolot- und Plotteranzeige

Weil Praxis schon immer die beste Theorie war: Lassen Sie uns doch gemeinsam einen Blick auf verschiedene Echolot- und Plotteranzeigen werfen. Wenn Bilder mehr als 1000 Worte sagen, dann wird mit den folgenden Displayanzeigen eine ganze Geschichte erzählt. Das nötige Knowhow und einen Teil der gezeigten Fotos in diesem Kapitel hat übrigens Pro-Staffer Frithjof Hagedorn von den Echolotprofis (www.echolotprofis.de) geliefert. Es gibt nicht viele Angler in Deutschland, die über ähnlich viel Wissen in diesem Bereich verfügen – da hat das Wort doch gleich viel mehr Gewicht, oder?

Sichelanzeige

Fische werden entweder als Sichel, Teilsichel oder als durchgängiger Strich angezeigt. Eine komplette Sichel erzeugt die Anzeige, wenn das Boot sauber über den Fisch hinweggefahren ist. Wird ein Fisch vom Gebersignal nur gestreift, erhalten wir eine halbe Sichel als Anzeige, bleibt ein Fisch dauerhaft im Sendekegel, wird dies als durchgängige Linie dargestellt. Je nach Empfindlichkeitseinstellung am Gerät und Fahrtgeschwindigkeit sind diese Anzeigen entsprechend stark oder schwach (wie hier) ausgeprägt.

Kraut

Die Tiefenanzeige oben links auf dem Bildschirm zeigt eine Gewässertiefe von 2,6 Metern an. Am Boden befindet sich bis auf ca. 1,2 Meter wachsendes Kraut, das diffus dargestellt wird. Die Härte des Gewässergrunds sorgt für eine rotbraune Darstellung der Bodenlinie.

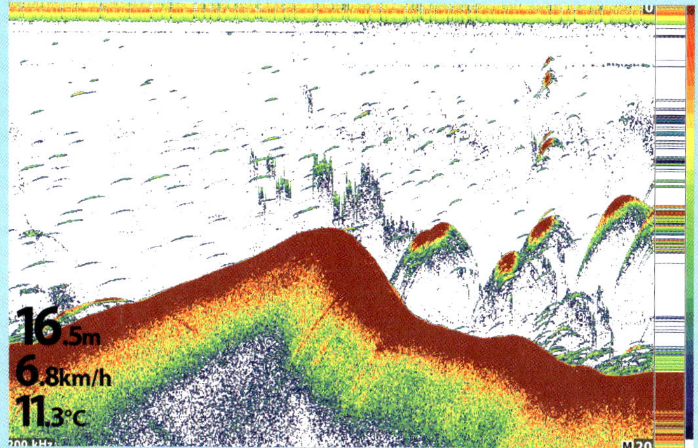

Sichelanzeige

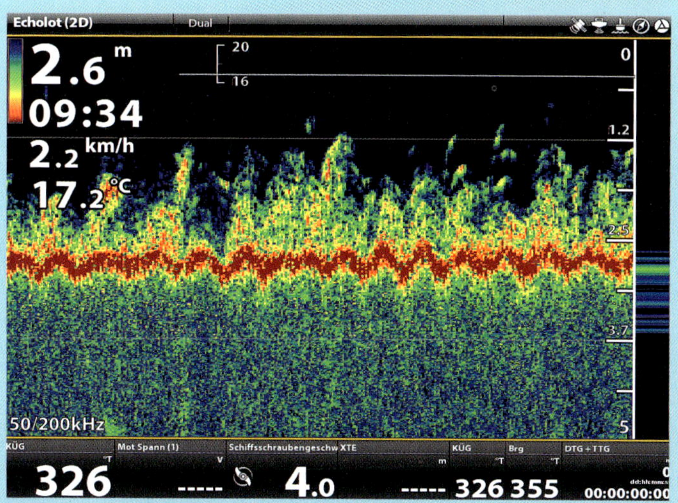

Kraut

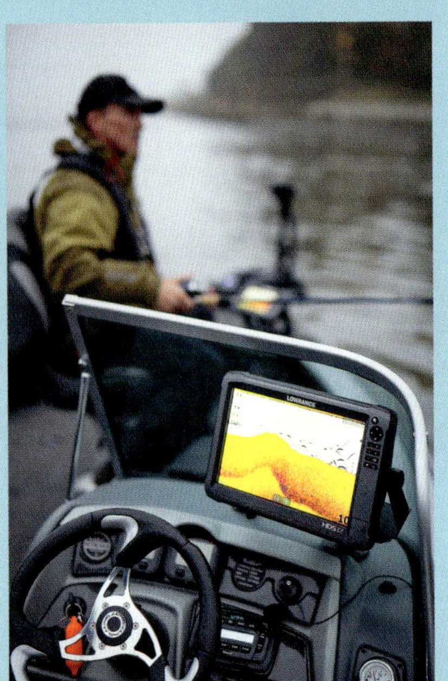

Kante

Kante

Der Angler hält die Rute genau an der richtigen Stelle ins Wasser – direkt an einer strukturreichen Erhebung, die deutlich auf dem Bildschirm zu erkennen ist. Rechts vom Berg halten sich mehrere Fische auf, die in typischer Sichelform dargestellt werden.

Fischschwarm

Was hier als große rote »Wolke« dargestellt wird, ist ein Fischschwarm. Die einzelnen Sicheln gehen aufgrund der eng beieinanderstehenden Fische ineinander über. Links daneben ist eine einzelne lang gezogene Sichel erkennbar. Dabei könnte es sich um einen Raubfisch handeln, der auf Beute lauert.

Vergleich Bodenhärte

Beim Vergleich dieser beiden Anzeigen ist deutlich der Unterschied zwischen härterem Grund und einem Grund mit Sedimentablagerungen zu erkennen. Es gilt: Je härter der Gewässerboden, desto ausgeprägter und dünner wird die Bodenlinie angezeigt.

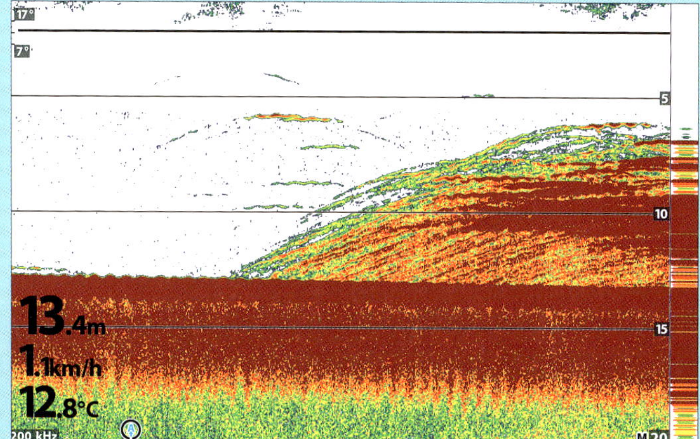

Fischschwarm

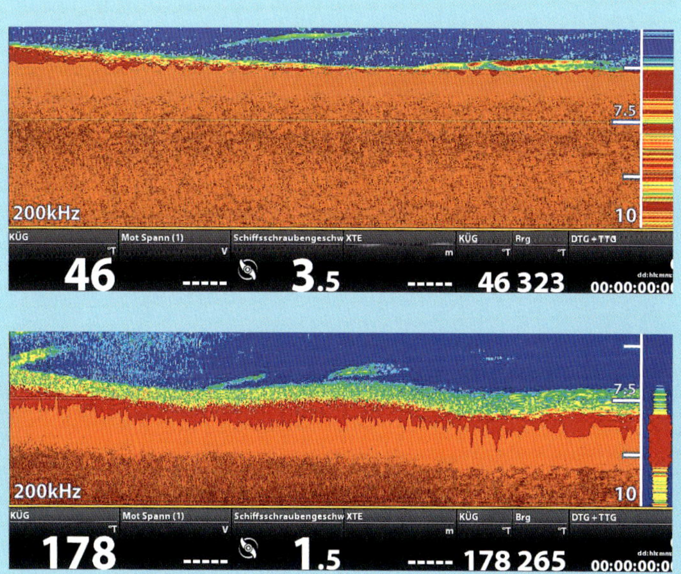

Vergleich Bodenhärte

Sidescan

So sieht die Displayanzeige beim seitlichen Scannen von Bodenstrukturen aus: Das mittig fahrende Boot wird als kleines Icon in Fahrtrichtung angezeigt, der schwarze Bereich rechts und links stellt die Wassersäule (Gewässertiefe) dar. Interessant ist der Übergang ab dem schwarzen Bereich nach rechts und links. In diesem Fall wird 25 Meter zu jeder Seite gescannt. Auf der rechten Seite hat das Boot soeben einen Fischschwarm passiert, der als helle Wolke zu erkennen ist. Der dunkle Bereich dahinter ist der Schatten, den der Schwarm wirft. Grundregel: Je mehr Entfernung zwischen Fischanzeige und Schatten liegt, desto höher schwimmen die angezeigten Fische.

Plotter (einfach)

Hier sehen Sie eine Kombination aus Kartenplotter (links) und Echolotanzeige. Auf dem Plotter ist keine Karte hinterlegt und das Boot (roter Punkt) hat sich in einem kleinen Bereich im Center auf der weißen Fläche ziemlich viel hin und her bewegt. Auf der rechten Bildschirmseite steht ein Fisch in sechs Meter Tiefe unmittelbar unter dem Boot (durchgängige, kräftige Linie). Nachdem der Fisch ausgemacht wurde, lässt der Angler einen Köder zum Fisch hinab. Das Eintauchen ist durch Verwirbelungen an der Wasseroberfläche erkennbar, danach wird er direkt zum Fisch abgelassen.

Plotter (mit hinterlegter Karte)

Was Sie hier sehen, ist das weitverzweigte Kanal- und Flusssystem des Hamburger Hafens, das auf dem Kartenplotter mit einer Navionics-Seekarte hinterlegt wurde. Da ist die Orientierung fast so einfach wie beim Autofahren mit dem Navigationsgerät. Dort, wo Sie das kleine schwarze Dreieck ausmachen, befindet sich aktuell das Boot.

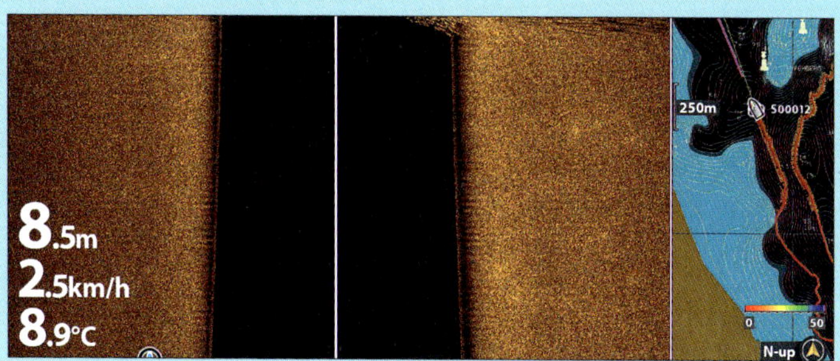

Sidescan

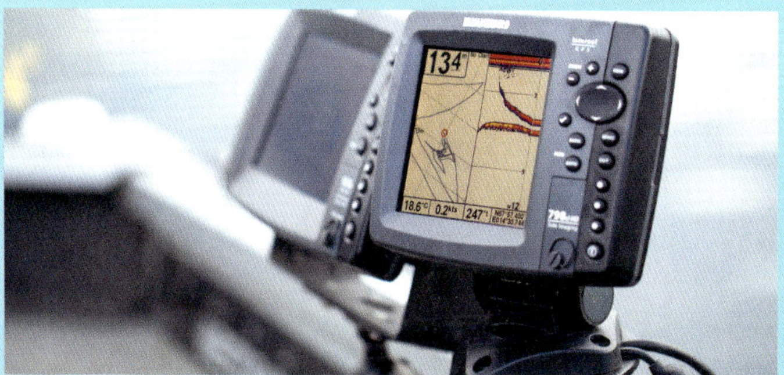

Plotter einfach

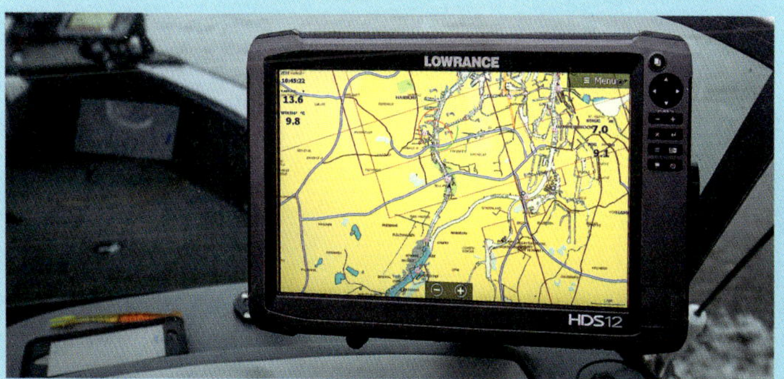

Plotter (mit hinterlegter Karte)

Plotter (mit AutoChart™ Live)

Eine kombinierte Anzeige aus Echolot und Kartenplotter mit AutoChart™Live-Funktion, die eine ganze Geschichte erzählt. Links im Bild sehen Sie die Echolotanzeige mit einer Gewässertiefe von 4,2 Metern. Am Grund wächst bis auf knapp 2,5 Meter Höhe Kraut. Der Kartenplotter (rechts) gibt über das Bootssymbol Auskunft darüber, wo wir uns aktuell befinden und in welche Richtung das Boot steuert. Die rote Linie zeigt dabei die bereits zurückgelegte Strecke an. Und jetzt wird es spannend: Weil der Bereich in der Vergangenheit schon mehrfach befahren und mittels AutoChart™Live-Funktion als Tiefenkarte errechnet und gespeichert wurde, bewegen wir uns auf einer reliefartigen Unterwasserkarte. Die unterschiedlichen Tiefen werden sowohl mit Tiefenangaben als auch in unterschiedlichen Farben angezeigt. (Weiße Flächen wurden zuvor noch nicht befahren.) Flachwasserbereiche mit Tiefen unter 4 Metern werden in diesem Fall grün dargestellt – passend zum Krautbewuchs.
Was hat der Angler hier bisher getan? Kommend aus nördlicher Richtung hat er gezielt die grünen Flachwasserbereiche angefahren, hat mehrere Zwischenstopps eingelegt (kleine Kringel in der roten Linie) und so systematisch die ins tiefe Wasser abfallenden, mit Kraut bewachsenen Kanten auf der Westseite der Plateaus abgefischt. Einen besseren Platz zum Hechtangeln hätte sich der Angler nicht aussuchen können.

Barschschwarm

So sieht ein typischer Barschschwarm auf dem Echolot aus: wie ein Tannenbaum. Während etliche Fische noch dicht am Grund stehen, treibt es einige Artgenossen bei ihrer Jagd bis ins Mittelwasser. Bei größeren Schwärmen verdichtet sich die Anzeige noch deutlich stärker und eine Trennung der Sicheln ist kaum noch möglich. Solange wir die Tannenbaum-Form als typische Barschformation im Hinterkopf behalten, wissen wir schon mehr als viele andere Angler. Aber Vorsicht: Selbstverständlich können auch mal andere Kleinfischschwärme solche Echolotanzeigen hervorrufen.

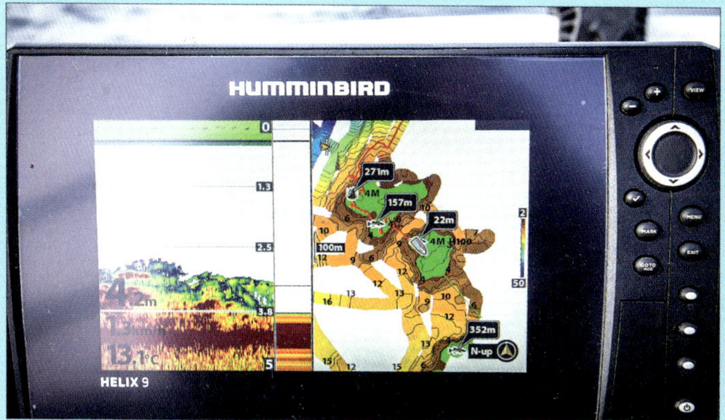

Plotter (mit AutoChart Live)

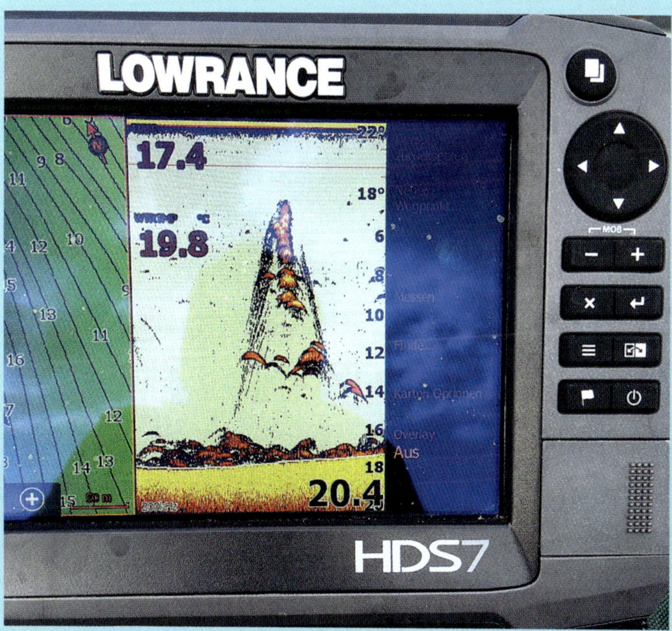

Barschschwarm

Register

Aal 37 ff., 62, 78
Aland 52, 72
Barsch 17 f., 22, 26, 30, 38, 58, 60, 72, 78, 124
Beißzeit 15
Brassen 14, 39, 47 ff.
Buhnen 34 ff.
Döbel 33, 43, 52 f., 72
Echolot 86, 94 ff., 102 ff.
Forelle 17 f., 30, 34, 44, 58, 72, 78
Friedfische 10, 14 f., 17, 26 f., 30, 34, 38 f., 72
Gewässertypen 18, 20, 27
Haarmontage 41
Hecht 10 f., 17 f., 22, 26, 34, 38 f., 44, 54, 56, 71 f., 78, 87, 114, 124
Kanäle 18, 30, 37, 40
Karpfen 10f., 14 f., 26, 29, 39 f., 44, 46 ff., 52, 70, 72, 78 f., 97, 101
Kartenplotter 112, 114 ff., 122, 124
Köderfisch 26, 63
Kunstköder 52, 60, 73
Lockfutter 23, 50, 53
Loten 41, 84 ff.
Lotmontage 92, 94
Luftdruck 74 f.
Mondphasen 76
Niederschlag 70
Pelagisches Vertikalangeln 105
Plötze 11, 26, 50
Polbrille 12, 52, 54, 58,
Pose 22, 48, 50 f., 86 ff., 90 ff., 96, 98
Posenangeln 86
Rapfen 17 ff., 30, 38 f., 44, 58, 60, 70, 72, 78
Raubfische 17, 54
Rotfeder 10, 50
Sauerstoff 17, 38, 70, 74, 78, 82, 109
Sauerstoffmangel 79
Schleie 14 f., 26, 47 ff., 72, 78
Sprungschicht 108 f.
Standplatz 10, 34, 62
Stehende Gewässer 22
Strömung 18, 30 ff., 34 ff., 38, 58, 60, 76, 83
Struktur 18, 22, 27, 30, 56, 86, 91, 96 f., 102, 108, 110, 115, 117, 120, 122
Wassertemperatur 17, 70, 72, 78 f., 82, 108
Wechselwarm 16 f., 78
Wehre 18, 34, 38 f., 60
Weißfisch 14
Wels 17 ff., 26, 30, 39, 62, 72, 78
Wind 18, 28, 46, 58, 64 ff., 70, 82, 108
Zander 17 f., 30, 37 ff., 56, 72, 74, 78, 105, 107 f.

Impressum

Bibliografische Information der Deutschen Nationalbibliothek
Die Deutsche Nationalbibliothek verzeichnet diese Publikation in der Deutschen Nationalbibliografie; detaillierte bibliografische Daten sind im Internet über http://dnb.d-nb.de abrufbar.

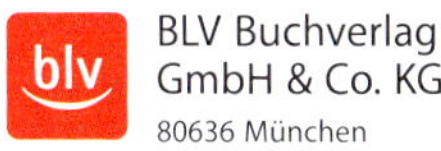

BLV Buchverlag
GmbH & Co. KG
80636 München

 www.facebook.com/blvVerlag

Bildnachweis:
Alle Fotos Florian Läufer, mit Ausnahme einiger Echolotfotos,
Echolotfotos: Frithjof Hagedorn (www.echolotprofis.de)

Umschlagkonzeption und -gestaltung: BLV-Verlag
Umschlagfotos: Florian Läufer

Lektorat: Gerhard Seilmeier, Christine Paxmann
Layoutkonzept Innenteil und Satz: Christine Paxmann text · konzept · grafik, München

Gedruckt auf chlorfrei gebleichtem Papier

Printed in Italy
ISBN 978-3-8354-1751-9

Hinweis
Das vorliegende Buch wurde sorgfältig erarbeitet. Dennoch erfolgen alle Angaben ohne Gewähr. Weder Autornoch Verlag können für eventuelle Nachteile oder Schäden, die aus den im Buch vorgestellten Informationen resultieren, eine Haftung übernehmen.

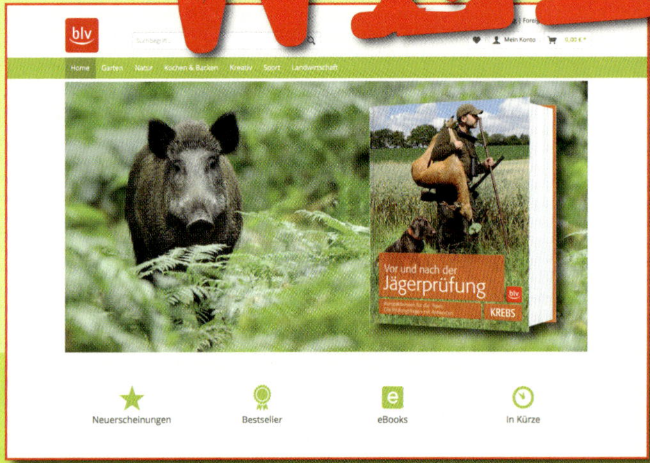